高校大学生职业规划与就业能力提升

秦琦 著

中国商业出版社

图书在版编目（CIP）数据

高校大学生职业规划与就业能力提升/秦琦著. —
北京：中国商业出版社，2023.2
ISBN 978-7-5208-2426-2

Ⅰ.①高… Ⅱ.①秦… Ⅲ.①大学生—职业选择
Ⅳ.① G647.38

中国版本图书馆 CIP 数据核字（2022）第 244291 号

责任编辑：杜　辉

中国商业出版社出版发行
（www.zgsycb.com　100053　北京广安门内报国寺 1 号）
总编室：010-63180647　编辑室：010-83118925
发行部：010-83120835/8286
新华书店经销
天津和萱印刷有限公司印刷
*
710 毫米 × 1000 毫米　16 开　13.75 印张　138 千字
2023 年 2 月第 1 版　2023 年 2 月第 1 次印刷
定价：68.00 元
****
（如有印装质量问题可更换）

目录

第一章 职业生涯规划基本理论 / 1
  第一节 职业生涯规划的意义 / 2
  第二节 职业生涯规划的基本理论 / 10
  第三节 职业生涯规划的影响因素 / 15

第二章 自我探索及环境分析 / 19
  第一节 兴趣与职业兴趣 / 20
  第二节 性格与职业 / 27
  第三节 能力与职业能力 / 32
  第四节 价值观与职业 / 35
  第五节 环境分析 / 42

第三章 职业认知与决策 / 51
  第一节 职业概述 / 52
  第二节 职业定位 / 57
  第三节 职业决策概述 / 61

第四章 职业目标 / 67
  第一节 职业目标概述 / 68
  第二节 实现职业目标的途径、方法与措施 / 73
  第三节 职业目标的评估与反馈 / 82
  第四节 个人职业生涯规划管理与实践 / 88

第五章　大学生的就业形势与政策 / 95

第一节　大学生的就业形势 / 96

第二节　大学生就业政策 / 100

第三节　大学生就业程序与途径 / 108

第六章　大学生就业准备 / 111

第一节　心理准备 / 112

第二节　就业信息获取 / 118

第三节　就业材料准备 / 130

第七章　大学生求职择业的方法与技巧 / 137

第一节　求职自荐 / 138

第二节　求职笔试 / 142

第三节　求职面试 / 148

第四节　求职礼仪 / 159

第八章　大学生就业权益维护 / 165

第一节　就业协议的生效与约束 / 166

第二节　劳动合同 / 170

第三节　劳动争议及其处理 / 175

第九章　职业角色转化与适应 / 179

第一节　角色转换与角色认知 / 180

第二节　适应社会，走向成功 / 185

第三节　新工作岗位的注意事项 / 188

第十章　大学生职业设计与自主创业 / 191

第一节　大学生职业设计 / 192

第二节　大学生自主创业 / 196

参考文献 / 202

第一章　职业生涯规划基本理论

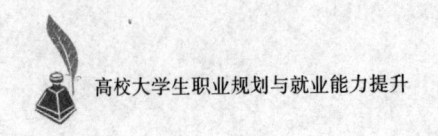

第一节　职业生涯规划的意义

据报道，哈佛商学院曾经对部分学生做过一个抽样调查："十年后你希望成为一个什么样的人？"100%的学生选择将来在商场上拥有财富、成就或影响力。但是具有明确目标并做出规划的人只有10%。10年后，调查小组追踪发现，这10%的人所拥有的财富占全部受调查者的96%。专家分析认为，世界上只有3%的人有自己的奋斗目标和计划，并且将它明确地写下来而为之奋斗；10%的人有目标和计划，但只是停留在脑子里；剩余87%的人都在随波逐流。

著名管理学家彼得·德鲁克认为："越来越多的职场人需要学习经营、管理自己，他们要懂得将自己放在最有贡献的地方，并努力发挥自己的特长。"无疑，学会职业生涯规划能让人更具有独特的眼光、远见和洞察力，能够发现问题、正视问题并采取积极有效的方法解决问题，从而不断改善自己的处境。

1. 职业生涯和职业生涯规划

（1）职业生涯

"生涯"是日常生活中运用得较广泛的一个词，如"学习生涯""革命生涯""军旅生涯""教书生涯"等。在《现代汉语词典》中,"生"是活着的意思,"涯"泛指边际。一般认为,生涯就是指人的一生。生涯的英文是"career",本义是指战车,现引申为人生发展历程,还蕴含着竞争、竞赛的意思。汉语中,"career"被翻译成"职业生涯"。《现代汉语词典》对"生涯"一词的定义是:从事某种活动或职业的生活。

目前,大多数西方学者所接受的"生涯"定义是萨珀(Super,1976)的论点:生涯是生活里各种事态的演进方向和历程,它统合了人一生中的各种职业和生活角色,由此表现出个人独特的自我发展形态。生涯也是人从青春期到退休之后,一连串有酬或无酬的综合。除了职业之外,还包括任何与工作有关的角色,如学生、退休者,甚至包含家庭和公民的角色等。

职业生涯不仅局限于"工作"或"职业",还包含个人的"生活风格",即包含一个人在其一生中所从事的所有活动。工作是指在一个组织机构中,一群类似的、有薪资的职位,且要求工作者具有类似的特性,如建筑、贸易、教育、医护等;职业是指在许多工商事业或机构中的一群类似的工作,如工人、商人、教师、医生等。而生涯的定义要比这两者都宽泛很多,除了指工作和职业之外,它还涵盖了人一生所从事的各种活动。人的一生,扮演着不同的角色,从孩童、学生、上班族、社会公民直到为人父母,不同社会角色的组合形成了人的"生活风格",这样的发展过程构成了"生涯"。

(2)职业生涯规划

一般而言,职业生涯规划是一个人尽可能地规划未来生涯发展的历程,在考虑个人的智能、兴趣、价值观,以及阻力、助力的前提下,做好妥善的安排,并借此调整、摆正自己的人生位置,以期自己能适得其所。

从定义可以看出,职业生涯规划是一个人主动的、有意识的行为。

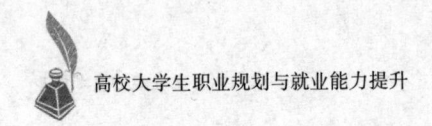

"尽可能地规划未来"的意义在于：对于我们所能做到的，要全力以赴；至于生命中诸多个人无法掌握的因素如飓风、地震、突如其来的人祸等，则冷静面对。简单地说，职业生涯规划就是找到引领自己坚定前进的方向。

大学生职业生涯规划可定义为：大学生在大学生活阶段通过对自身和外部环境的了解，为自己确立职业方向、职业目标，选择职业道路，确定学习计划（特别是大学阶段的学习计划）、发展计划，为实现职业生涯目标而确定行动时间和行动方案。

2. 职业生涯规划的意义

一个人若是看不到未来，就掌握不了现在；一个人若是掌握不了现在，就看不到未来。

这两句话说明了生涯规划的本质与精髓，也指出了生涯咨询师与受辅者共同努力的目标：立足现在，胸怀未来。

我们现在常常说活在当下，可是当你心中没有未来，要如何专注当下呢？好像多少带了一些无奈的意味。而只有你了解自己，知道自己大致要活成什么样子，知道自己要做什么不做什么的时候，活在当下才成为可能，活在当下应该是一种了悟以后的自然状态，不带任何强制的。人的行为是目标导向的。

人为自己设下目标，带出希望。所有的行为将会凝聚在这个希望周围，活出意义来，个体心理学家阿德勒（Alfred Adler，1870—1937）称之为"梦幻目标"。第二次世界大战中受困于集中营的弗兰克，在生死攸关的恐怖境遇中，绽开意义治疗的奇葩，也是借助于梦幻目标。梦幻目标指导出希望，指引出方向；梦幻其名，献身其实。弗洛姆在《生命的展现》

一书中提到，我们需要一个献身的目标，以便把力量整合到一个方向，以便超越我们孤独生存的状态，超载此种状态所造成的一切疑虑与不安全之感，并且满足我们企求生活意义的需要。生涯规划，即将自己托付于这个目标的一种安身立命的行为。然而，在生涯咨询的个案中，我们看到许多缺乏献身目标的漂泊灵魂，无法安身，更无法立命。有时，我们与当事人空洞的眼神四目交接，那看得见的，却看不见；似乎能让我们感受到一个人内心深邃的孤独与不安。这种孤独与不安把这个人当下的生活秩序打散了，打乱了。生涯咨询与辅导主要在于帮助一个人回归心灵的原乡，步步为营，重整旗鼓，朝向未来。心灵的原乡是自我栖息之处；步步为营是注意当下的每一步。每一个立足点，朝向献身的目标。一个活在当下的人，是一个自性充满的人，一个自性充满的人，有反应的能力，能为自己的行为负责。他知道"如其所是"的自己，并以此接触环境，能够在这两者之间找到一个适应的平衡点。他也能够以柔软的心，进行有弹性的生涯规划。

有人会质疑：人生无常，如梦幻泡影，生涯咨询与辅导如何能帮助一个人立足现在，胸怀未来？的确，"无常"是人生的大问题，更何况职业生涯。比如，生涯咨询与辅导专注的部分，不是陷于"无常"的泥沼，而是要从"无常"之中，洞见"常"。又如，变化是无常，应变之道则是常。许多人只见前者，未见后者。这不是可不可能的争辩，而是咨询与辅导这门专业的基本要求。因此，生涯之学，即应变之学。

职业生涯规划可以帮助我们突破障碍，开发自我潜能，从而达到自我实现。"如果说职业是无法逃避的选择，那么，职业生涯规划则是一种立足于现实、理想和梦想之上的管理艺术。"

（1）职业生涯规划能够帮助个人确定职业发展的目标和方向

职业生涯规划可以帮助个人进行自我全面的分析，从而认识自己，了解自己的特长和兴趣，评估自己的能力、优势和不足。在设计和规划的过程中，通过对客观环境的分析，我们可以明确职业发展的方向，正确选择职业目标，并运用适当的方法，采取有效的措施，克服职业生涯发展中的困难和障碍，使自己的才能得到充分发挥，从而获得事业上的成功，实现人生理想。随着社会的快速发展，大学生施展才华有了更广阔的舞台，大学生追求事业成功的愿望更为迫切。然而机遇和挑战并存，面对社会的发展和竞争的残酷，毫无准备的人会感到茫然无措、惶恐不安，产生巨大的心理压力。因此，大学生只有在大学期间认真做好职业生涯规划，全面剖析自己，科学地确定自己职业发展的目标和方向，并不断开发自己的潜能，才能正确把握自己的人生。

（2）职业生涯规划能够促使个人努力工作

任何工作和事业的成功都必须经过个人努力。因此，制订职业生涯规划，一方面让自己明确努力的目标，另一方面也是不断地督促自己努力工作。制订职业生涯规划就好似给自己树立一个明确的标靶，唯有目标明确才能奋勇直前。这些规划内容的逐步实现，既增强了自己对目标的成就感，也进一步促使自己向新的目标前进。制订和实现职业生涯规划就好似一场比赛，随着时间的推移，一步一步地实现，自己的思想方式和工作方式又会不断地得到完善和发展。

（3）职业生涯规划有助于个人抓住工作的重点

制订职业生涯规划的重要作用就是有助于合理地安排日常工作，评价工作的轻重缓急。没有职业生涯规划，很容易被日常事务缠绕，甚至被日常琐碎的事务掩埋，无法实现人生目标。通过职业生涯规划，我们能够紧紧抓住工作的重点，增加成功的可能性。有人曾说："智慧就是懂得该忽视什么东西的艺术。"任何事情都有其重点，如果不能把握重点，必然难以成功。

（4）职业生涯规划能够更有效激发个人潜能

一个人的潜能是无限的，需要充分挖掘。并不是任何人都在某些方面具有得天独厚的天赋，唯有善于激发个人潜能，才会努力学习，从而实现能力的锻炼和提高。比如，在大学期间，并不是每一个大学生都在组织协调、科研发明等方面有优势，但是相当一部分同学在这些方面有很大的潜能。因此，一旦赋予这些大学生工作任务和目标，调动他们内在的激情，他们就会努力学习，充分激发出内在的潜能，最后将工作和学习完成得很好。历史上很多伟大的科学家、军事家等，在一开始也不是从事这些方面的工作，但是在客观环境要求和个人人生追求的鞭策下，经过刻苦努力，个人潜能得到开发，最后获得巨大成功。因此，通过职业生涯规划，可以明确发展的目标和方向，然后经过个人的努力，使潜能得到发挥，实现人生的价值。无论从事什么职业，从事什么工作，科学的职业生涯规划可以帮助一个人更好地实现职业目标，获得事业的成功，帮助一个平凡的人成长为一个出色的人才。

3. 职业生涯规划是大学生的第一堂必修课

大学阶段是大学生职业生涯发展的重要准备阶段，大学学习是大学生活的主要内容，能否很好地完成大学阶段的学习，直接影响大学生几年后的就业竞争力和未来的职业生涯发展力。所以，为自己做一个合理的学业生涯规划也是职业规划中至关重要的环节。大学学习不同于高中学习，有着更加丰富的内涵，同时也要求大学生树立全新的学习观念，优化学习方法。大学是个青春的舞台，有各种各样的社团活动和社会实践活动，只有充分利用这个平台，不放过任何锻炼的机会，让自己拥有良好的素质、优秀的能力，把握机遇，积极地管理自己的学业及将来的事业，时刻为毕业后的出路准备着，才能把握职场和人生的各种机会，才会活得更加精彩。

（1）制定不同的目标

就大学生而言，需要在不同学年制定不同的目标，并采取相应的措施。

大学一年级——职业生涯规划试探期。加深对本专业的培养目标和就业方向的认识，提高专业学习的自觉性，确定专业学习目标，积极参加各种活动。

大学二年级——职业生涯规划定向期。在学好本专业的同时，选择一些对自己未来发展有意义的选修课，以提高自身的基本素质；利用课余时间从事与自己未来职业或本专业有关的工作；注意培养自己的优势能力，拿到与自己职业相关的技能证书。

大学三年级——职业生涯规划冲刺期。收集工作信息，检查自己与意向工作之间的差距，有针对性地参加相关职业培训；确定是否要报考研究生，希望出国留学的应多接触留学顾问，参与留学系列活动；学习写简历及求职信。

大学四年级——职业生涯规划分化期。对前三年的准备做一个总结：首先，验证自己确定的职业目标是否明确，是否与追求的职业目标相一致，前三年的准备是否充分；其次，开始申请工作，积极参加招聘活动，在实践中检验自己的积累和准备，并注意弥补缺陷；最后，预习或模拟面试，积极利用学校提供的条件了解就业信息，强化求职技巧。

当然，具体情况要具体对待，大学生需要针对自己的专业、教育背景和就业形势，对以上计划做一些调整。

（2）把握时间，管理自己

走进大学校园，很多学生觉得拥有了一个几乎完全属于自己的生活空间，在选课、上课、吃饭、休闲的过程中体味着自主支配时间的乐趣。而在享受这份乐趣的同时，却不曾发现时光如白驹过隙。大学四年的时光是宝贵的，也是不可重来的，所以，学会管理自己的大学生活，规划职业生涯和未来有着至关重要的作用。

时间管理学者杰克·弗纳对时间管理的定义是："有效地应用时间这种资源，以便我们有效地达成个人目标。"人与人的差距就在于如何利用自己的时间，人生本质上就是一段或长或短的时间，但总体来说，每个人的时间都是有限的，都是有终止日期的，在这有限的时间里，有的人关注内在，心做一致，目标明确，把所有的时间都用在自己感兴趣的人和事上，找到了生活的乐趣；而有的人，内在力量不坚定，走着走着，就被外界的各种声音干扰，尤其是在这个信息爆炸的时代，盲目跟随本不属于自己的东西，内外不一致，冲突越来越大，导致能量越来越弱，回顾走过的路，都不知道自己在忙些什么，有一种虚无的无力之感。

时间管理实际上就是自我管理，它针对自己在时间管理上的种种困难，通过详尽的计划和检讨，了解如何运用有效方式提升自己的工作和学习效率。时间管理的重点不在于如何管理自己的时间，而在于如何从时间的角度来管理自己。自我管理才是时间管理的核心任务。

如何合理地分配自己的大学时间使大学生活有序并有趣？

（1）树立时间管理意识。确立合理的价值观，明确什么事对自己重要，就能合理分配时间，从而提高效率，充分利用时间。了解自己，清楚自己的目标，清楚知道自己要做什么，为什么做，发自内心地想做，时间的利用效率自然也会高很多。

（2）列出时间清单，设定优先顺序。每个人每天都有非常多的事情要做，仅靠记忆很难保证不会遗漏某些重要的事情。80／20原理表明，在日常工作中，20%的事情可以决定80%的成果。所以，必须将没有头绪的一堆事情按照"紧急的事先办，重要的事先办，重要但不紧急的事后办，不重要也不紧急的事最后办"的顺序处理事务，才会有条不紊，应对自如，不会被烦琐的事务搞得焦头烂额。

第二节 职业生涯规划的基本理论

从生涯咨询的历史观之，初期并没有任何的理论依据，后来经过许多学者不断地在实践中寻找出基本的原则和假设，再加以验证、完善，理论随之形成。尤其是心理学和社会学在20世纪40年代之后开始探讨职业行为和生涯发展的研究，20世纪50年代形成的各大心理学派也开始关注生涯的问题。这些因素都直接或间接地对生涯规划的理论形成起着推动作用。

探讨生涯理论是很重要的，因为理论可以提供实务的导引架构。21世纪，生涯咨询最重要的理论有四个：生涯类型论、生涯发展论、社会学习论、生涯建构论。

1. 生涯类型论

生涯类型论源自心理学的概念，霍兰德（John Holland）从1985年起根据自己在咨询方面的经验和一系列研究，发现人们会在工作选择和经验中表达自己的个人兴趣和价值等特质,而生涯选择则是个人的人格在工作世界中的延伸;同时,个人会被某些能满足其需求和角色认同的特定职业或生涯吸引。

霍兰德的生涯类型论主要概念如下。

(1)个人特质类型(如兴趣、性向、价值等)可以归类为实际、研究、艺术、社会、企业及传统等六种类型。并依据这六种类型的英文首字母分别简称为R型、I型、A型、S型、E型、C型。

(2)工作环境的特性(如职业、特定工作、主修科系专业、休闲等)也可以归类为上述六种类型。

(3)具有某种特质类型的人会被相似类型的工作环境吸引。

(4)只有个人的特质与工作环境相似或接近,则个人才能得到满足,会更容易投入其中并有所贡献。

由于个人特质和工作环境特性都很少会是单一的类型,通常以分数较高的前三个类型为代表。如RIA型、ASE型或IAS型等,其中第一个是最符合的类型,后面两个是次符合的类型。

霍兰德的生涯类型论的咨询目标如下。

(1)运用测评工具分析个人特质。

(2)运用信息理解专业或工作的特性类型。

(3)获得准备选择的专业或工作的信息。

(4)整合个人特质与专业或工作特性的信息,以探讨合适的选择。

生涯类型论适用的对象通常为:来访者关注的重点是做抉择,如决定所学专业,选择职业,寻找新工作或休闲活动,但没有探索或决定障碍,如非理性信念、低自我效能或缺乏能力做决定等问题,它更适合解决一些当下的问题,而不适合深度探索。

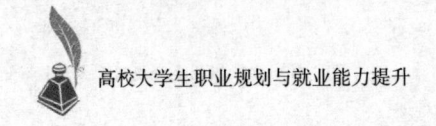

2. 生涯发展论

萨珀（Donald E.Super）的生涯发展论采用差异心理学、发展心理学、职业社会学及人格理论等多重观点，其中差异心理学重视人在兴趣、能力、个性等方面的个别差异，发展心理学则描述个人特质的发展阶段，而职业社会学则强调环境对职业选择与适应的影响，人格理论则探讨人格形成、发展和转变与生涯的关系。萨珀综合上述各种理论，并以长期的纵贯研究逐渐建构了一个完整的生涯发展理论。

萨珀对生涯发展论述很多，以下呈现与生涯咨询关系密切的重要概念。

（1）个人生涯受到自我概念的影响，自我概念是树立个人生涯形式的主动力，从婴儿期开始形成自我与他人的区别，并持续发展贯穿一生，职业的选择也是一个人自我概念的实现。

（2）生涯发展是一个终身历程，其发展阶段如下。

成长期：0~14岁，发展态度、能力、兴趣、需求等。

探索期：15~24岁，选择范围缩小，尚未做决定。

建立期：25~44岁，在工作经验中尝试，设法安定下来。

维持期：45~64岁，调适过程，以改善工作地位、情境。

衰退期：65岁以后，退休后考虑，工作输出，最后退休。

（3）生涯是在某一特定时间结合生活中扮演角色的表现，这些角色如儿童、学生、工作者、休闲者、家长、公民等，而且会彼此影响，其中工作者的角色最为重要，与其他角色有着密切的交互影响的关系。在人的一生中，角色的选择，时间的长短、重要性经常改变，大多时候是个人可以掌控的，而其自我概念和价值观贯穿所有角色。

（4）做有效生涯选择的技巧有赖于一些特别的知识，关于自己、工作世界及特定职业，还需要完成知识的整合。如果欠缺会影响到生涯的成熟度，而生涯成熟正是适应生涯发展的重要能力。

（5）虽然个人的自我概念、兴趣、价值、能力和目标是生涯选择和发展的重要影响因素，但是做生涯选择的环境条件也有其重要影响力。

生涯发展论非常重视一个人生涯发展的广度、深度和延续性，以及自我概念的形成和生活角色的统整。其咨询目标如下。

（1）提高生涯成熟度，并减少生涯发展中因态度、技巧、知识等产生的障碍，以达成发展任务。

（2）有需要时，运用评量或会谈以分析自我概念和长处。

（3）理解生涯是各种角色交互影响的结果，协助来访者选择生活角色，并界定角色内涵，以达到生活平衡。

（4）澄清兴趣、能力和价值，以及其与生活各种角色的统整。

因此，生涯发展论适用的对象通常为：来访者求助的目的是生活角色之间产生冲突或不平衡，或自己的兴趣、能力、价值等不清楚、不一致所带来的困扰，以及关心自己未来的生涯发展的计划。

3. 社会学习论

社会学习论源自心理学的学习理论，克朗伯兹（John Krumboltz）认为生涯的选择乃终生的历程，而非偶发事件。个人的生涯选择和发展是经由学习到的行为演变出来的，是个人对自己生涯发展有能力学习及有益的新行为。

克朗伯兹的社会学习论主要概念如下。

（1）影响一个人的生涯决定的四类因素是：

① 遗传因素和特殊能力，可能影响或限制个人的学习经验和抉择自由；

② 环境的情况和事件，如求学和就业的经验、社会政策、社会变迁、家庭等因素，这些均非个人能控制，但对个人的学习和抉择有重大的影响；

③ 学习经验，包括学习理论中的工具式的学习和联结的学习；

④ 任务取向的技能，是问题解决、工作习惯、心向、情绪反应、认知历程等因素交互作用的产物。

（2）上述种种因素交互作用产生的结果如下。

① 自我观察的推论：个人对自我表现的评估，包括兴趣、喜好、工作价值等学习而来的结果，是生涯选择的关键；

② 世界观的推论：个人对外在环境与未来发展的评估，也是学习而来的经验；

③ 任务取向的能力：个人从学习中培养的能力，如价值观念的澄清、目标的决定、寻找不同的解决途径收集资料、预测未来发生的事等；

④ 行动：个人综合各种学习经验，对自我及环境的评估，以及学习的任务取向能力，而有导引自己发展的实际行动。

（3）个人从学习经验中，可能会发展出一些非理性信念，对于生涯选择造成障碍，如以偏概全的推论、对失败事件夸大的情绪或想法、先入为主的成见、狭隘的比较标准等。

（4）个人会将学习经验和自我观察类比到新事物的学习上。

（5）社会学习论咨询的目标：澄清和排除限制生涯选择和发展的非理性信念；教导做决定的能力；创造机会增加来访者的正向经验；提高来访者做计划的能力；帮助来访者接纳不确定性。

（6）社会学习论适用于需要澄清非理性信念、学习新技巧或经验、改进自我概念和实际的行动体验的人。

4. 生涯建构论

近年来，生涯建构论越来越受到重视。生涯建构论源自凯利的个人建构心理学，认为个人是透过自己所建构的一组透视镜或模板来观察世界，并试图使之符合现实。皮威撷取了凯利的理念于1992年建立了"建构取向生涯咨询"，强调个人能经由自己所做的决定和所选择的行动来建构意义。相较于前述的三种传统理论，建构论认为个人面对生涯计划的意图、目标和决定，比起所谓的人格类型、自我概念或过去的学习等观点，更具有其前瞻的意义。

（1）皮威的建构论强调四个问题：咨询师与来访者是同盟关系；咨询师鼓励来访者帮助自己；咨询师帮助来访者慎思、评估与决定有关的计划和意义；帮助来访者重新建构个人的意义，并与社会现实协调。

（2）建构论通常适用于：重点关注如何确立未来生涯方向和意义的人或是受到外在环境影响，个人生涯有冲突问题的人。

第三节　职业生涯规划的影响因素

职业生涯规划并非凭空设计，个人的特点和生活境遇影响着决策结果和过程。职业生涯规划的因素可以分为个人因素和环境因素。

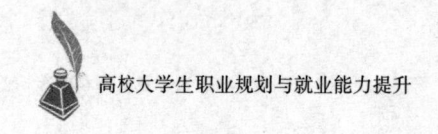

1. 个人因素

（1）职业价值观

职业价值观是指个人对客观事物及其行为结果的意义、作用、效果和重要性的总体评价，是推动并指引一个人采取决定和行动的原则、标准。职业价值观在职业生涯发展中起到决定职业方向的作用，超过兴趣和性格的影响。很少有工作能够完全满足一个人所有的重要价值观，因此，我们总是要不断地妥协和放弃，这是不可避免的，也是必要的。只有对自我的价值观进行澄清和排序，才能知道如何取舍。

（2）个人特质

性格：性格决定命运，没有两个相同性格的人，因此，每个人的人生和职业也各不相同，也因此成就了丰富多彩的世界。

气质：气质是人的稳定的、典型的心理特点，共有四种：胆汁质、多血质、黏液质和抑郁质。气质没有好坏之分，每个人也不能简单地归为某一种气质，只是在这四种气质类型中，更倾向于其中的某一类。气质类型往往会影响人的职业选择和发展。

兴趣：兴趣对职业选择和发展影响巨大，诺贝尔物理学奖获得者丁肇中说过："兴趣比天才重要。"在现实生活中，对职业生涯影响的众多主观因素中，兴趣占据着至关重要的位置，有很多人做着自己不喜欢的工作，从而导致职业倦怠或职业边缘化的问题。因此，了解自己的职业兴趣具有非常重要的积极意义。

能力：在进行职业选择时，除了考虑我想做什么，我适合做什么之外，还要从实际出发，考虑现阶段，我能做什么，从能做的做起才是一个实际的选择。很多职业对学历、职业伦理、理论知识、资格证书、职业技能都有明确要求，在做职业选择的时候，一定要清楚企业招聘岗位的能力要求。

（3）身心状况

健康：身心健康是从事大多职业的必备条件之一，有些职业对视力、身高、体重、应变能力等有明确要求。

年龄：人在不同的年龄阶段对工作的态度和看法，对机会尝试的勇气，对任务的能力和经验都有不同的表现，很多职业在招聘时对年龄也有明确要求。

性别：性别因素在职业发展中扮演着重要角色，职业性别隔离严重存在，很少有人能忽视性别问题。

2. 环境因素

（1）社会环境因素

在市场经济条件下我国高校普遍建立了在国家方针政策和宏观调控下，学校和各级政府推荐学生和用人单位双向选择的毕业生就业工作模式。用人单位和大学毕业生都有选择的自主权。行业的特点、现状、未来趋势、就业竞争状况等，对个人的职业发展影响巨大，需要认真、谨慎斟酌和有效选择。

（2）家庭环境因素

家庭环境对个人职业发展的影响不容忽视。个人在成长过程中，常常受到成长经历和家庭环境的影响。首先，家庭教育方式不同，个人认识世界的方法不同。其次，父母的职业是孩子最早观察到的，孩子必然会得到父母职业技能的熏陶。最后，父母的价值观、性格、人际关系的选择起直接或间接的作用。

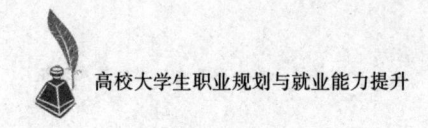

（3）重要他人因素

每个人生命中的重要他人，如职场贵人、朋友和同龄群体的生命历程与榜样事迹，他们的工作价值观、工作态度、行为特点等不可避免地会影响到个人对职业的偏好和选择。

第二章　自我探索及环境分析

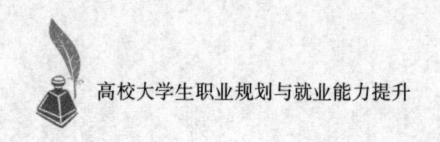

第一节　兴趣与职业兴趣

1. 兴趣与职业兴趣

兴趣是人们力求认识、掌握某种事物，并经常参与某种活动的心理倾向。当一个人从事自己感兴趣的工作时，会有很强的幸福感。可以为之废寝忘食，乐此不疲。爱因斯坦曾说："对一切来说，唯有热爱才是最好的老师，它远远超过责任感。"

职业兴趣是一个人积极探究某种职业或者从事某种职业活动时所表现出来的特殊个性倾向，它使人对某种职业优先给予注意，并具有向往的情感。职业兴趣是职业观的意向成分和情感成分，它是人们对某种职业活动所具有的较稳定而持续的心理倾向，并伴随着浓厚的情感状态。职业兴趣的产生一般要经历有趣—乐趣—志趣三个阶段。

2. 兴趣对职业生涯规划的影响

兴趣是影响人们工作满意度、职业稳定性和职业成就感的重要因素，同时也是对职业进行分类的主要基础。兴趣对职业生涯规划的影响体现在三个方面。

（1）兴趣是大学生职业生涯选择的重要依据

兴趣是最好的老师，可以使人集中精力去获得自己所喜欢职业的知识和职业技能，并创造性地开展工作。当一个人对某种职业产生兴趣时，他就会积极地去感知和关注该职业领域的知识和发展动态，并且积极思考、大胆探索、增强克服困难的意志等。反之，"强按牛头不喝水"，没有兴趣是不会取得好效果的，当然也就很难在该职业领域中发挥个人优势，做出大的贡献。正如一个人在生活中喜欢从事自己感兴趣的活动一样，具有一定兴趣类型的人更倾向寻找与此有关的职业，特别是在外界环境限制较小时，个体更倾向选择自己感兴趣的职业。

（2）兴趣可以充分发挥个人才能

人一旦对某个工作产生兴趣，即使看起来枯燥的工作内容，在他看来也是妙趣横生的。因为兴趣，工作对他是一种享受而不是负担。兴趣可以促使人集中所有注意力，调动主观能动性来面对工作，从而创造出不错的成绩，取得事半功倍的效果。兴趣和能力结合，将极大地提升个体的工作效率。有实验研究表明，如果一个人能从事自己感兴趣的工作，个体能力将得到最大限度地开发，个人能动性将调动80%~90%；而如果一个人做着自己不喜欢的工作，每天被外力牵引，其才能也将受到抑制。

（3）兴趣可以保证职业的稳定性

一个人能从事自己感兴趣的工作，从中取得成绩，自己非常满意，也容易得到领导和同事的认可，从而可以长期从事所选择的工作，达到职业的长期稳定性。因此，大学生在择业的时候，兴趣是一个非常重要的参照标准。同时，只有结合个人能力，从实际出发，才能更好地规划好自己的职业生涯，实现个体的价值。

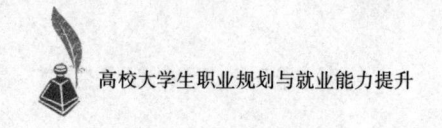

3. 兴趣测评

兴趣测评一般分为正式测评和非正式测评。正式测评指霍兰德职业倾向测试量表。非正式测评一般包括兴趣岛测试、访谈。

岛屿A——美丽浪漫的岛屿。岛上有许多美术馆、音乐厅、街头雕塑和街边艺人，弥漫着浓厚的艺术文化气息。当地的居民很有艺术修养、创造力和直觉能力。他们保留了传统的舞蹈、音乐与绘画。许多文艺界的朋友都喜欢到这里找寻灵感。

岛屿I——深思冥想的岛屿。岛上人迹较少，建筑物多偏于一隅，平畴绿野，适合夜观星象。岛上有多处天文馆、科技博览馆以及科学图书馆等。岛上居民喜好观察、学习、探究、分析，崇尚和追求真知，常有机会和来自各地的哲学家、科学家、心理学家等交换心得。

岛屿C——秩序井然的岛屿。岛上建筑十分现代化，是进步的都市形态。岛屿以完善的户政管理、地政管理、金融管理见长。岛民个性冷静保守，处事有条不紊，善于组织规划，细心高效。

岛屿R——自然原始的岛屿。岛上保留有原始森林，自然生态保持得很好，有多种野生动物。岛上居民生活状态相当原始，以手工业见长。自己种植花果蔬菜，修缮房屋，打叠器物，制作工具，喜欢户外运动。

岛屿S——友善亲切的岛屿。岛上居民个性温和、十分友善、乐于助人，社区均自成密切互动的服务网络，人们重视互助合作，重视教育，关怀他人，充满人文气息。

岛屿E——显赫富庶的岛屿。岛上居民善于企业经营和贸易，能说会道，以口才见长。岛上的经济高度发展，处处是高级饭店、俱乐部、高尔夫球场。来往者多是企业家、经理人、政治家、律师等，这里曾数次召开财富论坛和其他行业巅峰会议。

　　前面列举的六个岛屿实际上代表了六种兴趣类型。美国职业指导专家约翰·霍兰德（J.Holland）在研究中发现，职业选择是个人人格的延伸和表现，人格特质反映在职业上就是职业兴趣。不同的人具有不同的职业兴趣和能力，不同的职业兴趣和能力适合从事不同类型的职业。霍兰德认为，大多数人的人格特质可以归纳为六种类型：实用型（R）、研究型（I）、艺术型（A）、社会型（S）、企业型（E）、事务型（C）。同一类型的职业通常会吸引相同人格特质的人，从而产生特定的职业氛围、价值观念、态度倾向、行为模式。工作环境也可以分为六种类型，与人格类型的分类一致。他认为，个人人格类型和职业环境之间的适配度将提高个人的工作满意度、职业稳定性和职业成就感。职业兴趣类型与典型职业对应关系如表2-1所示。

表2-1　职业兴趣类型与典型职业对应关系

类型	特点	典型职业
实用型（R）	愿意使用工具从事操作性工作，动手能力强，手脚灵活，动作协调。偏好于具体任务，不善言辞，做事保守，较为谦虚，缺乏社交能力，通常喜欢独立做事	喜欢使用工具、机器，需要基本操作技能的工作。对要求具备机械方面才能、体力或从事与物件、机器、工具、运动器材、植物、动物相关的职业有兴趣，并具备相应能力。如技术型职业（计算机硬件人员、摄影师、制图员、机械装配师）、技能型职业（木匠、厨师、技工、修理工、农民）

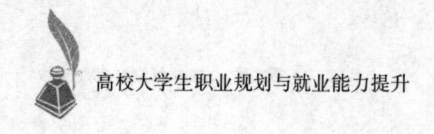

续表

类型	特点	典型职业
研究型（I）	抽象思维能力强，求知欲强，肯动脑，善思考，不愿动手。喜欢独立的和富有创造性的工作。知识渊博，有学识才能，不善于领导他人。考虑问题理性，做事喜欢精确，喜欢逻辑分析和推理，不断探讨未知的领域	喜欢智力的、抽象的、分析的、独立的定向任务，要求具备智力或分析才能，并将其用于观察、估测、衡量、形成理论、最终解决问题的工作，并具备相应的能力。如科学研究人员、教师、工程师、电脑编程人员、医生、系统分析员
艺术型（A）	有创造力，乐于创造新颖、与众不同的成果，渴望表现自我的个性，实现自身的价值。做事理想化，追求完美，不重交际。具有一定的艺术才能和个性。善于表达、怀旧、心态较为复杂	喜欢具备艺术修养、创造力、表达能力和直觉，并将其用于语言、行为、声音、颜色和形式的审美、思索和感受的工作并具备相应的能力。不善于事务性工作。如艺术方面（演员、导演、艺术设计师、雕刻家、建筑师、摄影家、广告制作人）、音乐方面（歌唱家、作家、乐队指挥）、文学方面（小说家、诗人、剧作家）
社会型（S）	喜欢与人交往，不断结交新的朋友，善言谈，愿意教导别人。关心社会问题，渴望发挥自己的社会作用。寻求广泛的人际关系，比较看重社会义务和社会道德	喜欢与人打交道，能够不断结交新的朋友，从事提供信息、启迪、帮助、培训、开发或治疗等事务的工作，并具备相应能力。如教育工作者（教师、教育行政人员）、社会工作者（咨询人员、公关人员）

续表

类型	特点	典型职业
企业型（E）	追求权力、权威和物质财富，具有领导才能。喜欢竞争，敢冒风险，有野心、抱负。为人务实，习惯以利益得失、权力、地位、金钱等来衡量做事的价值，做事有较强的目的性	喜欢具备经营、管理、劝服、监督和领导才能，以实现机构、政治、社会及经济目标的工作，并具备相应的能力。如项目经理、营销管理人员、政府官员、企业领导、法官、律师
事务型（C）	尊重权威和规章制度，喜欢按计划办事，细心、有条理，习惯接受他人的指挥和领导，自己不谋求领导职务。喜欢关注实际和细节情况，通常较为谨慎和保守，缺乏创造性，不喜欢冒险和竞争，富有自我牺牲精神	喜欢注意细节、精确度、有系统有条理，具有记录、归档、据特定要求或程序组织数据和文字信息的工作，并具备相应能力。如秘书、办公室、人员、记事员、会计、行政助理、图书馆管理员、出纳员、打字员、投资分析员

然而，大多数人并非只有一种性向（比如，一个人的性向中很可能同时包含着社会性向、实用性向和研究性向这三种）。霍兰德认为，这些性向越相似，相容性越强，则一个人在选择职业时所面临的内在冲突和犹豫越少。为了帮助描述这种情况，霍兰德建议将这六种性向分别放在一个正六角形的每一角，如图2-1所示。

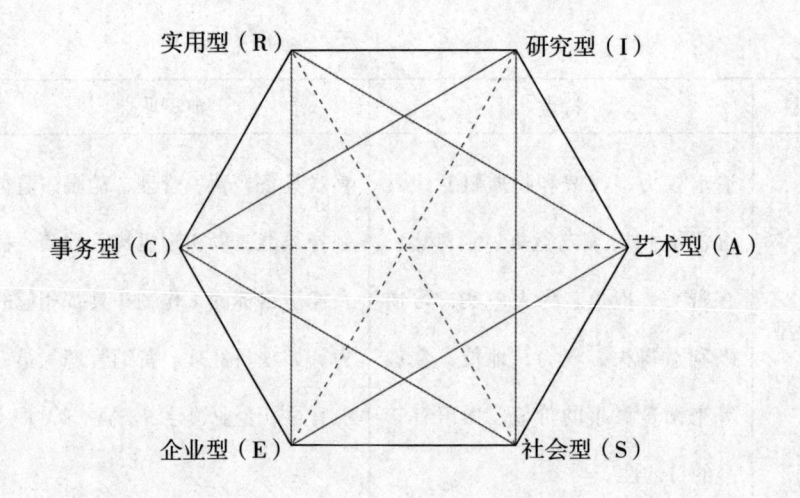

图2-1 霍兰德职业兴趣六角形模型

从图2-1可以看出，每一种类型与其他类型之间存在不同程度的关系，大体可描述为三类。

（1）相邻关系

如RI、IR、IA、AI、AS、SA、SE、ES、EC、CE、RC及CR，属于这种关系的两种类型的个体之间共同点较多，实用型（R）、研究型（I）的人都不太偏好人际交往，这两种职业环境也都较少与人接触。

（2）相隔关系

如RA、RE、IC、IS、AR、AE、SI、SC、EA、ER、CI及CS，属于这种关系的两种类型个体之间共同点较上述相邻关系少。

（3）相对关系

六边形上处于对角位置的类型即为相对关系，如RS、IE、AC、SR、CA。属于这种关系的两种类型个体之间的共同点少，因此，一个人同时对处于相对关系的两种职业环境都感兴趣的情况较为少见。

人们通常倾向选择与自我兴趣类型匹配的职业环境，如具有实用型兴趣的人希望在现实型的职业环境中工作，可以最好地发挥个人的潜能。但职业选择中，个体并非一定要选择与自己兴趣完全对应的职业环境。一是因为个体本身常是多种兴趣类型的综合体，单一类型显著突出的情况不多，因此在评价个体的兴趣类型时，也时常以其在六大类型中得分居前三位的类型组合而定，组合时根据分数的高低依次排列字母，构成其兴趣组型，如RCA、AIS等；二是因为影响职业选择的因素是多方面的，不能完全依据兴趣类型决定，还要参照社会的职业需求及获得职业的现实可能性。因此，职业选择时会不断妥协，寻求相邻职业环境甚至相隔的职业环境，在这种环境中，个体需要逐渐适应工作环境。但如果个体寻找的是相对的职业环境，意味着所进入的是与自我兴趣完全不同的职业环境，则工作起来可能难以适应，或者难以做到工作时觉得很快乐，甚至可能会工作得很痛苦。

上述测评方式属于非正式评估，一般用于一些非正式场合，比如朋友聚会、公开课等。

如果想正式测评，一般采用《霍兰德职业兴趣倾向检验量表》，在专业的职业规划师的帮助下进行测试。

第二节　性格与职业

1. 性格概述

性格是一种人格特质，也是个性心理特征的核心部分。我们周围的同学，有的喜欢独处，有的喜欢参加各种活动，有的喜欢有计划地做事，有的善于随机应变，有的做事果断干脆、雷厉风行，有的很会照顾他人的感受，这些都是性格差异导致的。没有人性格完全一致，我们明白了他人性格可以更好地理解自己、接纳自己、理解他人。

从心理学的角度来看，**性格是一个人对客观现实的稳定态度以及与之相适应的习惯化的行为方式**。也就是说，性格包含人的态度和行为方式两个方面，这两个方面紧密联系，形成具有独特性、相对性、稳定性和一致性的性格特征。个体一时性的偶然表现不能认为是他的性格，只有经常性、习惯性的表现才能认为是他的性格，"江山易改，本性难移"就说明了这种稳定性。但性格也不是一成不变的，"近朱者赤，近墨者黑"说明性格是可以塑造的。

性格作为个人鲜明而稳定的心理特征，由多方面的特征有机结合而成，每个人在其成长经历中，可能受到生理、遗传、家教、文化、学习、经验等因素的影响而形成不同性格特征，各种性格特征的不同组合带来了性格类型的差异。在性格的类型上，有多种分类，常见的有外向与内向、理智与情感、独立与顺从。不同性格类型的个体在不同的情境中会表现出特定的气质和行为方式，进而影响到他们的职业发展。

2. 性格对职业的影响

印度有一句谚语："播种行为，收获习惯，播种习惯，收获性格，播种性格，收获命运。"一个人的性格对其一生都有重大影响。在职业心理中，性格影响着一个人对职业的适应性，一定的性格适于从事一定的职业，同时，不同的职业对人有着不同的性格要求。就性格类型而言，没有对与错，但每种性格都有优势与不足，清楚地认识自己的性格类型既可以更好地帮助我们发挥优势、避免劣势，也能很好地理解和接纳与他人之间的差异。因此，在考虑或选择职业时，不仅要考虑自己的职业兴趣，还要考虑自己的职业性格特点及性格类型，只有性格与职业的最佳匹配才能使我们的工作更有效率，更好地提升职业稳定性和满意度，成为有效的工作者。

3. MBTI 性格自我分析

"我是外向还是内向？我适合什么样的工作呢？我的同学好像和我完全不一样，他是什么样的性格呢？"同学们都会有类似的疑惑。

迈尔斯·布里格斯人格类型测验（Myers-Briggs Type Indicator，MBTI）性格理论源自瑞士著名心理学家荣格（Carl Jung）有关知觉、判断和人格态度的观点，后经布里格斯（Katherine C.Briggs）和她的女儿伊莎贝尔·迈尔斯（Isabel Briggs Myers）深入研究而发展成形。MBTI是一种迫选型、自我报告式的性格评估理论模型，用以衡量和描述人们在获取信息、做出决策、对待生活等方面的心理活动规律和性格类型。经过70多年的实践和发展，MBTI现已广泛地应用于职业发展、职业咨询、团队建议、婚姻教育等方面，是目前国际上应用广泛的职业规划和个性测评理论。通过MBTI模型，性格和职业之间的联系得到了比较清晰的阐释。

MBTI中的四个维度

MBTI着重从四个维度考察个人的偏好，这些偏好是一种天生的倾向性，无优劣之分，但不同特点对于不同的工作存在"适合"与"不适合"的区别。MBTI中每个维度的偏好均由两极组成，并用二分法来评估个人的类型偏好。MBTI四个维度的个人偏好及维度解释分别如表2-2、表2-3所示。

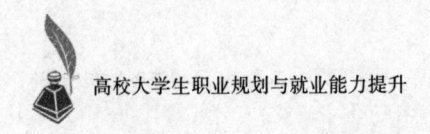

表2-2　MBTI四个维度的个人偏好

维　度	偏　好
能量获取（从哪里获得动力）	外倾 E/ 内倾 I
接收信息（如何获取外部世界的信息）	实感 S/ 直觉 N
决策方式（如何做出决定）	思考 T/ 情感 F
生活方式（如何规划生活）	判断 J/ 感知 P

表2-3　MBTI的维度解释

能量获取维度（E—I）	
外倾 E	内倾 I
主动结识	更愿意被介绍
共享内心感受	只喜欢和知己交流
边想边说边做	三思而后说/后行
易被外部吸引	更关注内在
热爱参与	更喜欢反思
爱动	爱静
接收信息维度（S—N）	
实感 S	直觉 N
关注物理特征	关注抽象内涵和联系
具体细节	着眼宏观和规律
现实、实用	想象未来和可能性
已被证明有效的方案	新的创造性的方案
按部就班	思维跳跃、发散
实践和体验	理论和概念
传统	新潮、前卫

续表

决策方式维度（T—F）	
思考 T	情感 F
逻辑、因果判断	人的感受和关系
分析问题、客观公正	以人为本
人人平等	人的独特性
发现问题和不足	宽容、忍耐
直率、严厉	不伤人感情
严格执行	把握分寸
生活方式维度（J—P）	
判断 J	感知 P
决策果断	最后一刻再做决定
安定、有序、安排	动态、灵活、开放
有计划	随心所欲
时间压力	压力变动力
日复一日、年复一年	新鲜
有条不紊	随机应变

对以上四个维度的两极进行组合，就能得到16种性格类型。每个人通过MBTI测试都可以获得有关自己性格类型的信息，并据此选择适合自己性格类型的职业。专业的性格测试还需要在老师的辅助下对自己做的测评结果进行一一澄清，同时，性格测试只是做职业规划的一个部分，不是全部。另外，值得注意的是，大学生的性格还在不断形成与发展中，在进行自我探索时，不能简单地贴标签，性格类型的划分只是一个参考，不能将

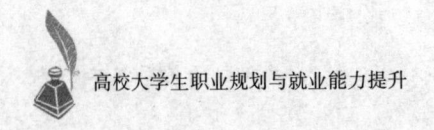

之绝对化。所以，对自己性格的了解，不要局限于某一种性格测评，特别是当你的MBTI类型有些描述与你不符合时，可以借助多个测评或其他的方法来分析自己。

第三节 能力与职业能力

1. 能力与职业能力

能力是人顺利地完成某种活动所必须具备的心理特征，是保证活动取得成功的基本条件。人的能力按适用范围，可分为一般能力和特殊能力。一般能力又称为"智力"，包括注意力、观察力、记忆力、思维能力和想象力等；特殊能力是指从事某种专业活动的能力，也可称为一个人的"特长"，如计算能力、音乐能力、动作协调能力、语言表达能力、空间判断能力等。能力按照获得的方式，可分为能力倾向和技能两大类。能力倾向是每个人先天具有的特殊才能，但有可能未被开发而荒废；技能是指人在一定的知识、经验基础上通过学习和训练形成的能顺利实施某种活动的行为方式。在现实生活中，个人的能力水平往往是能力倾向和技能两方面的结果。

职业能力是个体顺利地进行某种职业活动所必须具备的、直接影响职业工作效率的个性心理特征。它以人的各种能力为基础，是各种能力在职业活动中的综合应用。

2. 能力对职业的影响

明尼苏达工作适应理论认为，当工作环境满足个人需要，个人满足工作要求，达到内在外在"两个满意"时，个人与环境之间的关系就比较协调，个人的工作满意度会比较高，在该工作领域也能持久发展。在这一过程中，个人的职业能力与"外在满意"的实现直接相关，个体只有具备了相关的职业工作能力，才能胜任相应的职业工作。

（1）职业能力影响职业的胜任

不同的职业对能力有不同的要求，每个人都有自己的优势和劣势，如有的人擅长形象思维，有的人擅长逻辑思维，还有的人擅长具体行动思维。如果根据思维能力类型来选择职业，形象思维的人比较适合从事文学、艺术方面的工作，逻辑思维的人比较适合从事哲学、数学等理论性强的工作，具体行动思维的人比较适合从事机械修理方面的工作。如果不考虑能力类型，而去从事与能力不匹配的职业工作，效果就不会好。因此，我们需要弄清胜任职业所需要的职业能力。

（2）职业能力影响职业的选择

任何一种职业对工作者的能力都有一定的要求。如会计、出纳、统计等职业，工作者必须有较强的计算能力；工程、建筑及服装设计等职业的工作者，要具备空间判断能力；飞行员、外科医生、运动员、舞蹈演员等职业的工作者，则要具备眼与手的协调能力。因此，在选择职业时，要特别注意能力与职业的匹配度。

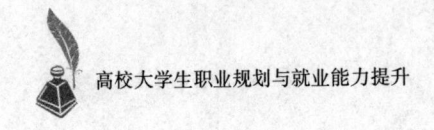

（3）职业能力影响职业的发展

职业能力是个人职业发展的基础，个体职业能力越强，各种能力越综合发展，就越能促进人在职业活动中的创造和发展，越能给个人带来职业成就感，使其在该工作领域持久地发展。

3. 能力倾向测评

目前，在职业规划领域有许多工具可以协助我们来了解自身的能力倾向，帮助我们更好地确定个人能力是否与职业适配。

（1）能力倾向的定义

能力倾向不等于能力。能力倾向通俗来讲就是你在某一方面有潜力，如果创造条件持续练习，你将在那一方面比较容易取得成果，它是一种成功的可能性。能力是已经具备的完成某一项任务或从事某项工作的技能。能力倾向与能力对人的职业发展有着不同的意义，能力影响人在职业上的成熟度，能力倾向影响人在职业上的选择。而我们说，很多时候，选择大于努力，因此，了解自己的能力倾向是一件很有意义的事。

不同的人具有不同的能力倾向，1983年美国发展心理学家加德纳提出的多元智力理论将能力的分类引向深入，他认为人类的智能至少由语言智能、数学逻辑智能、空间智能、身体运动智能、音乐智能、人际智能、自我认知智能七项组成，每个人都是由不同智能排列组合而成。

加德纳的多元智能理论告诉我们，对于世界上的每一个人，不存在谁更出色的问题，只存在谁在哪方面更出色的问题，中国有句古话"天生我材必有用"说的就是这个意思。如果我们能更加了解自己的天赋优势，进而刻意创造环境持续练习，发挥自己的优势，那么每个人都可以是出色的。如果家长朋友懂得这一点，当今的教育也就少了很多不必要的焦虑。

（2）能力倾向测评

能力倾向测评分为多重能力倾向测验和特殊能力倾向测验，西方心理学家开发了许多能力倾向测验，如学业能力倾向成套测验、一般能力倾向测验、飞行能力测验、音乐能力测验、美术能力测验、文书能力测验、机械能力测验等。我国一般职业能力倾向测验也有不少成果。有人通过考查被测试者的文字运用、语文推理、数字理解、推理能力、机械工作能力、适应环境、想象力、判断能力、领导能力等方面因素，借以确定被测试者的能力倾向，确定人员的选拔录用结果。

第四节　价值观与职业

1. 价值观与需求

价值观是人对事物的价值特性的认识。价值观的最终目的在于按照主体生存与发展的需要来有效地配置价值资源，人的需求层次结构根本上决定着价值观的层次结构。不同的人有不同的需求，一个人在不同的阶段，其需求也会有相应的变化。

（1）马斯洛需求层次理论

人的需求有不同层次。美国社会心理学家马斯洛曾经将人的需求划分为五个层次，依次是生理需求、安全需求、社交需求、尊重需求和自我实现需求。这个理论在管理学界广为传播，并占据着重要地位。马斯洛的需求层次理论有两个基本点：一是人的需求是有层次的，某一层次的需求得到满足后，更高层次的需求才会出现；二是某一层次的需求一旦得到满足，便不能再起激励的作用。

不同层次的需求在人们的工作、生活中反映出来，就体现为不同层次的价值观（见表2-4）。

表2-4　不同层次需求与价值观的对应关系

需求层次	价值观	
自我实现需求	发展和成长、兴趣、创造、社会意义	精神性的价值观
尊重需求	事业成就、社会地位、声望、自主性	
社交需求	人际关系、团队合作、友情与关爱	
安全需求	工作稳定、工作环境、社会保险	物质性的价值观
生理需求	经济保障、工资待遇、福利条件	

（2）职业生涯满足需求

一个人职业生涯的发展程度，决定着人生需求特别是高级需求的满足程度。在社会中，人的需求怎样才能得到满足呢？怎样才能更好地满足由基本到高级的需求？就是通过职业生涯，即通过从事一个或多个职业来满足人生需求与价值。人的价值是在为社会做出贡献和对自我价值的不断认定过程中实现的，而这个过程就是职业生涯。

每个人都要认真地想一想，自己一生最高层次的追求是什么？怎样才能更多地实现自己的人生价值？需要通过什么途径来实现？有人说："我家里有钱，不愁吃穿，一生无忧。"没错，在现代社会，基本的温饱问题确实得到了保障，但是，如果一个人不从事一个或几个职业，只在家里待着，最多满足的是基本的需求，但是他能够满足受尊敬的需求吗？他能够感受到团队中的归属感吗？他能够去发挥自己的潜能，实现自己的人生梦想吗？他能够让别人觉得他的一生是一个求知求美的创造过程吗？事实上很难做到，甚至不可能做到。

2. 职业价值观

什么是职业价值观？它是指一个人的人生目标和人生态度在职业方面的表现，即一个人对待职业的认知和态度。什么样的职业对于自己来说是好职业？自己在什么行业什么岗位上，感觉对自己是最满意的？从事一项工作的目的是什么？这些都是职业价值观的具体表现。

（1）职业价值观的构成

发展因素：包括符合兴趣爱好、机会均等、公平竞争、工作有挑战性、能发挥自身才能、工作自主性大、能提供培训机会、晋升机会多、专业对口、发展空间大、出国机会多等。这些职业要素都与个人发展有关，因此称为"发展因素"。

保健因素：包括工资高、福利好、保险全、职业稳定、工作环境舒适、交通便捷等。这些职业要素与福利待遇和生活有关，因此称为"保健因素"。

声望因素：包括单位知名度、单位规模和拥有的支配权力大、行政级别和社会地位高、职业名誉好等。这些职业要素都与职业声望和地位有关，因此称为"声望因素"。

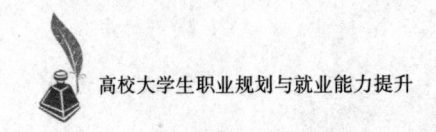

（2）职业价值观的探索

北京智诺信企业管理咨询有限公司提出了价值观的13大类法，即通过测试量表可以让学生了解个人职业价值观在利他主义、美感、智力刺激等13个方面的类型与倾向。

职业价值观测试量表内容如下：

下面有52道题目，每个题目都有5个备选答案（A表示非常重要；B表示比较重要；C表示一般；D表示较不重要；E表示很不重要），请根据自己的实际情况或想法，在题目后面填写相应字母，每题只能选择一个答案。通过测验，你可以大致了解自己的职业价值观念倾向。

题目内容	选项				
	A	B	C	D	E
1.你的工作必须经常解决新的问题					
2.你的工作能为社会福利带来看得见的效果					
3.你的工作奖金很高					
4.你的工作内容经常变换					
5.你能在你的工作范围内自由发挥					
6.你的工作能使你的同学/朋友非常羡慕你					
7.你的工作带有艺术性					
8.你的工作能使人感觉到你是团体中的一分子					
9.不论你怎么做，你总能和大多数人一样晋级和涨工资					
10.你的工作使你可能经常变换工作地点/场所或方式					
11.在工作中你能接触到各种不同的人					
12.你的工作上下班时间比较随意自由					
13.你的工作使你不断获得成功的感觉					
14.你的工作赋予你高于别人的权力					

续表

题目内容	选项				
	A	B	C	D	E
15. 在工作中，你能实施一些自己的新想法					
16. 在工作中，你不会因为身体或能力等因素，被人瞧不起					
17. 你能从工作的成果中，知道自己做得不错					
18. 你的工作经常需要外出参加各种集会和活动					
19. 只要你做这份工作，就不再被调到其他意想不到的单位和工种上去					
20. 你的工作能使世界更美丽					
21. 在你的工作中，不会有人常来打扰你					
22. 只要努力，你的工资会高于其他同年龄人，升级或涨工资的可能性比做其他工作大得多					
23. 你的工作是一项对智力的挑战					
24. 你的工作要求你把一些事务管理得井井有条					
25. 你的工作单位有舒适的休息室/更衣室/浴室及其他设备					
26. 你的工作有可能结识各行各业的知名人物					
27. 在你的工作中，能和同事建立良好的关系					
28. 在别人眼中，你的工作是很重要的					
29. 在工作中经常接触到新鲜的事物					
30. 你的工作使你能常常帮助别人					
31. 你在工作单位中，有可能经常变换工作					
32. 你的作风使你被别人尊重					
33. 同事和领导人品较好，相处比较随意					
34. 你的工作会使许多人认识你					

续表

题目内容	选项				
	A	B	C	D	E
35. 你的工作场所很好，比如有适合的灯光，有安静整洁的工作环境，甚至有恒温等优越的条件					
36. 在工作中你为他人服务，使他人感到满意，你自己也很高兴					
37. 你的工作需要计划和组织别人的工作					
38. 你的工作需要敏锐的思考					
39. 你的工作可以使你获得较多的额外收入，比如常发实物，常购买打折的商品，常发商品的提货券，有机会购买进口商品等					
40. 在工作中你是不受别人差遣的					
41. 你的工作结果应该是一种艺术品而不是一般的产品					
42. 在工作中不必担心会因为所做的事情让领导不满意，而受到训斥或经济惩罚					
43. 在你的工作中能和领导有融洽的关系					
44. 你可以看见你努力工作的成果					
45. 在工作中常常要你提出许多新的想法					
46. 由于你的工作，经常有许多人来感谢你					
47. 你的工作成果常常能得到上级、同事或社会的肯定					
48. 在工作中，你可能做一个负责人，虽然可能只领导很少几个人，你信奉"宁做兵头，不做将尾"的俗语					
49. 你从事的工作，经常在报刊、电视中被提到，因而在人们的心目中很有地位					
50. 你的工作有数量可观的加班费、保健费或营养费					

续表

题目内容	选项 A	B	C	D	E
51. 你的工作比较轻松，精神上也不紧张					
52. 你的工作需要和影视、戏剧、音乐、美术、文学等艺术打交道					

上面52道题分别代表13项职业价值观。每填写一个A得5分、D得4分、C得3分、D得2分、E得1分。请你根据表2-5中每一项前面的题号，计算每一项的得分总数，然后在表格下面依次列出得分最高的三项和最低的三项，以此判断自己的职业价值倾向。

表2-5 价值观倾向得分统计与说明

职业价值观	对应题号	得分合计	工作目的和价值
1. 利他主义	2，30，36，46		直接为大众的幸福和利益尽一份力
2. 美感	7，20，41，52		能不断地追求美的东西，得到美感的享受
3. 智力刺激	1，23，38，45		不断进行智力的操作，动脑思考，学习以及探索新事物，解决新问题
4. 成就感	13，17，44，47		不断创新，不断取得成就，不断得到领导与同事的赞扬，或不断实现自己想要做的事
5. 独立性	5，15，21，40		能充分发挥自己的独立性和主动性，按自己的方式、步调或想法去做，不受他人干扰
6. 社会地位	6，28，32，49		所从事的工作在人们的心目中有较高社会地位，从而使自己得到别人的重视与尊敬

续表

职业价值观	对应题号	得分合计	工作目的和价值
7. 管理	14，24，37，48		获得对他人或某事物的管理支配权,能指挥和调遣一定范围内的人或事物
8. 经济报酬	3，22，39，50		获得优厚的报酬,使自己有足够财力去获得自己想要的东西,使生活过得较为富足
9. 社会交际	11，18，26，34		能和各种人交往,建立比较广泛的社会联系和关系,甚至能和名人结交
10. 安全感	9，16，19，42		工作安稳,不会为了奖金、工资、调动或被领导训斥等经常提心吊胆、心烦意乱
11. 舒适	12，25，35，51		把工作作为消遣或享受的形式,追求舒适、轻松自由、优越的工作条件和环境
12. 人际关系	8，27，33，43		希望大多数同事和领导人品较好,相处愉快、自然,认为这是很有价值的极大满足
13. 追求新意	4，10，29，31		希望工作内容经常变换,使工作和生活显得丰富多彩,不单调枯燥

得分最高的三项依次是_____

得分最低的三项依次是_____

第五节　环境分析

人们通过奋斗可以让职业理想变成现实。我们应该:"心怀感激接受命、积极主动改变运。""命"是人出生时就已经发生的、正在发生的和必然发生的事情;"运"是通过自己的努力可以影响、改变的事情,就是历经磨砺,梦想成真。

使职业理想变成现实,需要分析和利用周围的环境,顺势而行。对现存职业环境是否有深刻的认识,关系到我们能否长期坚守自己的职业价值观,坚定职业生涯的发展方向,建立明确的职业目标和发展路径。

1. 职业环境分析

职业环境分析是我们需要认清所选定的职业在社会环境的发展过程中所处的社会地位及社会发展趋势对此职业的影响。职业环境分析需要对职业的发展趋势,职业内涵中的社会分工、专业知识技能、创造财富的方式、报酬水平、满足需求的程度等因素的发展趋势进行分析。职业环境分析主要包括社会环境分析、行业环境分析、组织环境分析和岗位环境分析。

经济的发展和社会的进步,会导致社会职业结构的变化。新的职业会出现,一些职业会衰退,或是有些职业虽然存在,但其相关属性或内在发生了变化。是否能预测职业和发展趋势、是否能预测职业内涵的演化、对职业是否有深刻的认识,将关系到我们能否在把握职业环境变化的基础上,为自己的人生找到或创造适宜的职业平台,有效地规划职业生涯。职业环境分析应从以下六个方面进行。

（1）社会发展趋势对目前所从事的职业有何需求？

（2）国家发展战略对目前所从事的职业有何影响？

（3）目前你选择的是不是社会越来越需要的行业？

（4）在此行业中，所选企业是否具有竞争力和发展机会？

（5）你如何让自己在选择的职业中保持核心竞争力？

（6）你的职业环境可能出现的风险有哪些？该如何应对？

2. 社会环境分析

所谓社会环境分析，就是通过对社会大环境的宏观分析，了解所在国家或地区的社会、政治、经济、法制、文化环境和其发展趋势。即关心当前的社会运行状况及未来的发展态势，以寻找有利的职业发展机会。

中国正处在近代以来经济社会发展最好的时期，经济繁荣、社会稳定、法治化进程不断深入，社会主义市场经济基本形成并步入正轨，充满各种人才成长发展的机遇。但是也要看到人才的竞争日趋激烈，当前职业发展的社会环境有以下特征。

（1）人力资源是社会发展的根本

中国改革开放取得巨大成果，市场经济日趋成熟，国有企业改革、改制步伐加快，中小企业、民营企业蓬勃发展，国外公司和资金大量涌入。加入WTO以后，中国与国际全面接轨，中国的中小企业和创业者将直面国外企业的人才竞争。因此，人才成为信息社会的第一稀缺资源，大学生作为高端人力资源,有望获得更多、更好的职业发展机会。

(2)大学生就业形势依然严峻

首先,大学毕业生人数继续保持增长,高校扩招速度未见明显减弱。其次,中国依然是加工制造型的发展中国家,而非知识创新型的发达经济体。目前的产业升级步伐缓慢,创新型国家发展战略进展有限,传统的产业工人依然是多数企业的需求对象,经济社会发展对于大学生就业的接纳能力不足。最后,劳动力市场发育尚不成熟,还存在某些体制性缺陷,劳动法律法规的执行刚性不足,劳动力市场表现为"强资本、弱劳动"的失衡态势。

(3)大学生自主择业呈现多元化趋势

在高等教育大众化背景下,为了应对严峻的就业形势,尽快找到一份工作,大部分的高校毕业生能够适时地调整职业期望值。在清楚自我定位的基础上,追求自我价值实现的转变中,大学毕业生既向往外资企业、国家公务员、事业单位、国有垄断企业的体制性保障,也开始更多地把目光转向基层、转向中西部地区及体制外的民营企业,希望通过职业实践提升自己的职业素养。"公务员热""考研热""先就业再择业""自主创业"、逃离北上广、"跳槽"等多种职业现象的出现引发社会的热议与反思。

3.行业环境分析

行业环境分析是一个人对目前所在行业和将来想从事的目标行业的环

境进行分析，包括对行业的工作现状、行业目前的优势与问题所在、行业发展的前景预测、国外国内重大事件对该行业生存与发展的影响等进行分析，行业环境分析包括以下三个方面。

（1）目前所从事行业的性质

你现在从事的什么行业？是加工制造型行业，还是咨询服务型行业？这个行业在我们国家是怎样的发展趋势？是一个逐渐萎缩的行业，比如资源耗费大、造成环境污染的小型采矿业；还是一个朝阳行业，比如旅游业、保险业、管理咨询行业等？这个行业是行政垄断行业、自然垄断行业，还是自由竞争行业；是暴利行业还是薄利行业；是成熟性行业，还是新兴成长型行业；是高端的科技型行业，还是中低端的传统型行业等。

（2）企业是否跨行业发展

你所处的企业是在原来的领域发展还是要跨领域发展？企业跨领域发展取决于两点：第一，外界环境有没有这样的机遇，这是外部条件；第二，企业有没有相应的人才和资金，这是内部条件。有没有相关的人才和所从事行业的专业知识与技能是决定是否跨行业经营的关键因素。一般来讲，欧美企业多为专业化发展，亚太企业则偏爱多元化发展。

（3）国家产业政策解读

政府部门会根据国家宏观经济状况对一些行业发布法规政策，如对一些行业推行鼓励、扶持政策，对另一些行业则限制、缩小规模，及至逐步淘汰。国家政策还可能会对一些地区优先发展，对某些专业人才的培养给予鼓励支持，对某些职业人员给予限制。这些政策对企业和职业的发展会产生极其重大的影响，尤其是国家发展战略层面的产业政策。

4. 组织环境分析

组织环境分析是指一切社会组织的内部环境分析，主要指企业内部环境分析，包括企业在本行业或新的发展领域中的地位及发展前景，以及企业产品或服务在市场上的表现与发展前景。组织环境分析包括企业性质、类型、企业实力、资本构成体系、发展历程与背景、企业领导、人才选拔机制、发展战略、薪酬结构、企业文化和规章制度等因素。

组织环境分析包括以下三个方面。

（1）企业实力

企业在行业中具备很强的竞争力，还是处于将被吞并的境地？发展前景如何？是不是企业越大、越强它的生命力就越强？达尔文说过，物竞天择，适者生存。在激烈的市场竞争中，不一定规模越大的企业就能生存，即不是大者生存而是适者生存。

（2）企业领导人

企业领导人是真的想干一番事业还是只想圈钱？企业家要做的事主要是找到顾客群并且制造顾客群，满足顾客的现在需求并激发顾客的潜在需求。一个真正的企业家不仅能够制造顾客群，他的产品和服务还要能满足顾客的潜在需求。另外，该领导人的管理风格是以人为本，还是以物为本？有没有考虑员工的职业生涯发展？这些问题我们也应考虑。

(3) 企业文化

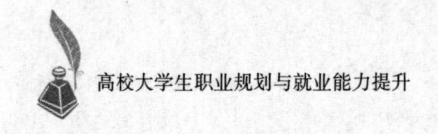

企业文化是企业领导所倡导且身体力行的、得到员工认同和遵循的价值观与行为准则的总和。墙上的标语、公司宣传的口号和领导在大会上讲的内容是企业文化，但并不是本质的企业文化。最本质的企业文化要到企业的卫生间里去找，到食堂里找，到电梯里找，到楼道里找，往往员工私下所说的话才是企业文化的真实表露，才是最核心的深层文化。"听其言，观其行"，你所在企业的企业文化到底是什么？最根本的价值观是什么？用人制度到底是任人唯贤还是任人唯亲？

通过企业分析，我们能够清晰地认知自己对企业发展战略、企业文化管理制度的认同程度，企业组织结构发展的变化趋势和与自己有关的未来职务的发展。每个人都要考虑自己在本企业内实现职业生涯目标的可能性。如果你是刚刚毕业的大学生，在选择目标企业的时候，应该通过多种渠道尽可能多地了解和分析企业的过去、现在和未来；如果你是刚刚就职的新人，必须韬光养晦，多做事、少说话、多观察、少评论，更多地了解企业文化，更准确地把握企业的本质内核。

5. 岗位环境分析

岗位环境分析是职业环境分析中最具体的部分，岗位即我们选择的职业是干什么的，简单说就是职位。对岗位进行环境分析主要是了解该岗位的工作内容是什么，需要具备什么样的素质和能力，在企业部门中的地位和作用如何，工作的同事有哪些，其晋升的渠道是什么，该渠道是否畅通等。对岗位的信息有详细的了解，一方面评估自己是否喜欢该岗位；另一方面为就业提前做好心理准备，不至于上岗之后产生较大的心理落差，以至于出现焦虑或倦怠情绪，影响职业发展。

岗位环境分析包括以下四个方面。

（1）岗位描述分析

岗位描述是对岗位的定义、工作内容及具体素质要求的描述，这是岗位的基本内容，是理解一个岗位的最直观方面。岗位描述包括这个岗位是什么（岗位的一般定义）；这个岗位做什么（核心工作内容——典型的一天工作的内容）；这个岗位要具备什么能力（岗位胜任素质）；谁做过和谁从事着这个岗位（过来人的看法）。

岗位分析是对企业各类岗位的性质、任务、职责、劳动条件和环境及员工承担本岗位任务应具备的资格、条件所进行的系统分析与评估，并由此制定岗位规范、工作说明书等人力资源管理文件的过程，其中，岗位规范、岗位说明书都是企业进行规范化管理的基础性文件。在企业中，每一个劳动岗位都有它的名称、工作地点、劳动对象和劳动资料。

（2）了解岗位晋升通道

岗位是在职能的基础上根据具体需要而分化产生的，所以在同一部门、同一职位会有多个类似的岗位，而了解这个岗位将为自己的岗位轮换、工作转换、升职等带来很大的方便。了解岗位包括两方面：和这个岗位相关的岗位是什么（发展方向，即为轮岗、转换工作做准备）；这个岗位的职业发展渠道是什么（岗位的晋升方向）。

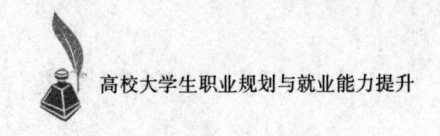

(3) 明确不同岗位下的岗位要求

岗位的通用要求加上对不同背景下的岗位理解构成了一个岗位的最终描述。大学生在求职时要特别考虑以下因素，因为这些因素才是制约大学生在公司发展的关键：一是不同行业对这个岗位的理解（行业背景下的岗位要求）；二是不同类型企业及企业所处发展阶段对这个岗位的理解（企业背景下的岗位要求）；三是不同领导和公司对这个岗位的理解与要求（人为背景下的岗位要求）。

(4) 量化个人与岗位的差距

大学生在综合了解岗位要求后，就可以进行差距量化和差距补充。全面准确地了解自己是量化岗位差距的前提和基础。差距是可以量化的，如组织能力不强、英语口语不好等。如果差距不进行量化，就不能明确地行动，那么补充也就没有针对性。

第三章　职业认知与决策

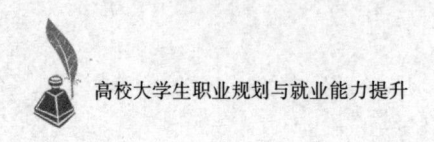

第一节 职业概述

1. 职业的含义

职业是指从业人员为了获取主要的生活来源而从事的社会性工作类别，它是由一定人数组成的相对稳定的、从事社会活动的工作门类。职业产生于公众对商品和服务的需要，社会上某种类型的产品或服务达到一定数量时，就将这个类型命名为一个新型职业。

职业具备目的性、社会性、稳定性、规范性、群体性的特征。

职业与工作、岗位存在差别。工作是由一系列相似职位所组成的特定的专业领域，例如从事教学工作。岗位与分配给个人的一系列具体任务直接相关，和参与工作的个人相对应，如张强是某学院的学生工作辅导员。职业是指不同的专业领域一系列相似的服务，如教师是一种职业；职业的背景是产业与行业。

2. 职业的分类

职业分类就是根据一定的分类原则、标准和方法对各种社会职业进行全面、系统的划分和归类。

我国的职业分类结构分成四个层次：大类、中类、小类和细类（职业）。细类也就是职业，是最基本的类别。2015年修订的《中华人民共和国职业分类大典》将我国社会职业总体结构分为8个大类75个中类434个小类1481个职业，其中8个大类分别如下。

第一大类：党的机关、国家机关、群众团体和社会组织、企事业单位负责人。

第二大类：专业技术人员。

第三大类：办事人员和有关人员。

第四大类：社会生产服务和生活服务人员。

第五大类：农、林、牧、渔业生产及辅助人员。

第六大类：生产制造及有关人员。

第七大类：军人。

第八大类：不便分类的其他劳动者。

以上分类是国家制定的职业标准，是进行职业资格认证考核的依据。

除了参考职业分类的职业要求来理解职业、明确职业发展方向、选择目标职业外，我们可根据社会舆论来了解职业本身，如"最热门的职业""职业地位排行榜"等；也可以对职业进行形象的描述。如曙光职业、朝阳职业、如日中天的职业、夕阳职业、黄昏职业、流泪职业、恒星职业、昨日星辰职业等。

大学生在选择未来希望从事的工作时，不能只看分类中的职业名称，还要充分地挖掘职业信息，既要从"职业"的角度来分析问题，还要从"职位"的角度来思考问题。过分重视目前单位所提供的报酬和环境，而忽视对其他职业信息的探索，不充分考虑个人的职业兴趣、职业能力和职

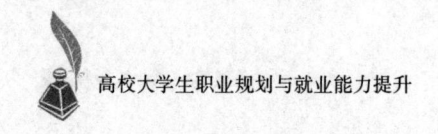

业性格，会限制自己持续发展的空间。

3. 未来职业持续发展的趋势

（1）国内外职业发展趋势

①职业周期缩短：传统的职业在消失，新的职业在涌现；职业存在的生命周期在变短，职业更新的速度不断加快。劳动者就业选择权越来越大，就业实现自主化。员工在一个企业里"从一而终"的现象再难出现，从业人员更换多家单位成常态，职业的流动性呈加速化趋势，签订劳动合同是就业的主要形式。

②不同类别职位不断变化：社会经济组织数量增多，形式多样、劳动关系、劳动内容、劳动形式也随之多样化和灵活化，不同类别的职位数量不断变化，特别是第三产业中的职位数量不断增加。

③职业对综合素养要求越来越高：未来，职业对从业人员的知识、经验、技能、能力的要求越来越全，要求员工的综合素养越来越高，职业综合化趋势明显。职业人需要不断地"充电"，补充工作岗位对新知识、新技能的要求，防止"人才折旧和贬值"。

④职业劳动的知识含量大大增加：体力劳动比重下降，脑力劳动比重增加，出现知识智能等特点。职场竞争加剧，职业危机更明显。

⑤就业岗位与国际接轨：全球经济一体化是大势所趋，发达国家的职业管理模式、职业种类、职业劳动技能、工具、手段大量渗入我国，跨国公司、外商独资公司、合资公司大量出现，并提供许多国际规范的职业岗位。我国与世界各国经济交流增多，尤其是"一带一路"倡议提出以后，出国就业也有更广阔的发展前景。我国发展成为世界第二大经济体后，需

要参加更多的国际事务，熟悉国际交流法则，鼓励高校毕业生在各个国际组织就业。

（2）职业发展形式

经济全球化和科学技术日新月异不仅改变了整个世界的面貌，更改变了人们的工作和生活方式。并对职业的发展产生巨大的影响，很多职业的工作方式也在改变，职业呈现新的发展形式。

①全职工作：这是传统的工作观念，指在一个或大或小的稳定的单位为同一雇主连续工作。每周工作40小时或40小时以上的全职性工作，有长远的职业发展和稳定的收入待遇。

②兼职工作：一个人同时兼有2个或2个以上的独立的工作角色。工作环境具有多样性，但是需要不断地更新自我技能。

③自由职业者：一种不属于某个固定组织的个人经营模式。可自由地决定工作时间和服务对象，根据工作成果来获得报酬。

④自我创业：当企业家雇用其他人经营企业，具有高风险、高回报特点。企业家重视独立、刺激和成功，具有不确定的状态。

不同职业的工作时间也出现了多种形式，有固定工作时间制、弹性工作时间制、轮班工作制、流动工作制、远程办公、自由工作时间制。

4. 职业化与职业资格

（1）职业化

职业化就是职业素养的专业化，具有专业、职业、专业人员、职业人的含义，职业素质在职业化进程中起着核心作用。

职业化是指精于业务。首先，专业化是职业化的基础；其次，要理性

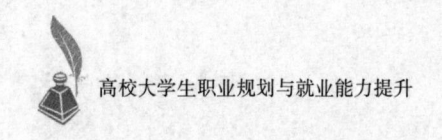

地对待工作，喜不喜欢的事都要认真做好，并且要学会喜欢所做的事情，这才是一个职业人成熟的状态。良好的职业心态是事业成功的基础。

进行职业化，就是要求自己必须具备职业道德、职业精神、职业状态、职业习惯、职业形象，必须具备了解自我、制订适合自己的职业规划、根据环境的变化适时调整自己职业目标的职业规划能力。

（2）职业资格

某一职业对必备知识与技能的基本要求就叫职业资格。职业资格包括从业资格与执业资格。从业资格是指从事某一专业（职业）学识、技术和能力的起点标准。执业资格是指政府对某些责任较大，社会通用性强，关系国家社会公共利益的专业（职业）实行的准入控制。

职业资格与文凭不同，文凭是一个人接受教育的年限、文化程度和学业程度的证明，由教育部门颁发；而职业资格是一个人能否胜任某一职业的证明，由人力资源和社会保障部门或其委托的部门颁发。职业资格是对劳动者进入劳动力市场实行的就业准入控制，与工资待遇相对应，和养老保险、医疗保险相衔接，实施劳动监察、劳动合同签订的有效证件。

大学生有可能涉及以下三大系列的职业资格。

①人力资源和社会保障部认定的国家公务员录用考试。公务员指各级国家行政机关除工勤人员以外的工作人员，国家公务员的录用考试采取笔试和面试相结合的方式，主要测试公共基础知识、专业知识水平，以及其他适应职位要求的业务素质和工作能力。

②人力资源和社会保障部认定的专业技术职业资格，是在专业技术工作领域实行专业技术人才职业资格证书制度。专业技术人员从业资格通过学历认定或考试取得。专业技术人员在普遍实施从业资格认定的基础上，不少职业还开始推行执业资格，如注册会计师、注册建筑师、炉工执业资

格等。执业资格考试由国家定期举行，采用全国统一考试形式。

③人力资源和社会保障部认定的技术工作职业资格，是以技能为主的职业资格鉴定，由人力资源和社会保障部门委托职业资格鉴定站（所）组织，是一项基于职业技能水平的考核活动，分为知识要求考试和操作技能考核两部分。采用笔试和现场操作形式。有些涉及人身安全的工作，需有关行业主管部门核发"上岗证"，如汽车驾驶员、电工等。

第二节　职业定位

1. 职业定位的作用

现有的职业超过2万种，对于大多数人来说，多种职业都适合。但是没有哪一种工作能够完全满足一个人所有的需要，所有工作都有它的优势和劣势，很多人会问，我学的专业对应什么职业？其实许多专业是可能变通的，许多技能是可以迁移的，同一个专业可以从事多个职业。大学生应该了解与自己专业直接相关或间接相关的职业有哪些，学习专业知识的目的是帮助我们更好地发展自己，而不是限制自己的发展。

职业定位准确有利于充分发挥自己的能力与特长，只有在自我规划的道路上持续地发展，才能够集中优势资源排除外界的干扰，朝着自己的预

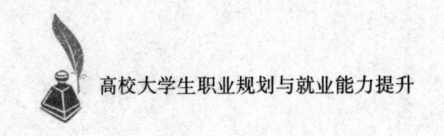

定目标发展。很多人常说"机遇总是偏爱有准备的人",然而"准备总是事先做出来的"。

职业定位是自我定位和社会定位的统一,只有在了解自己、了解职业的基础上才能做出准确的定位,做到"知己知彼"。"知己"就是要认识自己,了解自己,如了解自己的性格、气质、兴趣、能力、特长、情商、价值观及职业倾向等。"知彼"就是要了解外部环境,了解社会需要,结合社会的发展,全面获取目标行业的职业信息,并对信息进行分析,了解行业发展方向、前景、存在的机会,单位环境与发展战略、职业的工作内容,对知识、技能、经验、性格有什么要求,具体的工作环境、工作的角色及晋升发展的机会等。同时还要了解自己职业要求之间的差距,从而选择最适合自己并且最能持久的方向作为我们的目标。根据自己的最佳才能、最优性格、最大兴趣、最有利环境等信息来设定目标。化"被动就业"为"主动择业",找到真正适合自己的职业。

2. 职业定位的原则

职业定位共有五个主要原则。

①择己所爱:了解自己的兴趣,尊重并满足自己的需求,从事一份自己感兴趣的工作,全身心投入其中,你的职业生涯也将妙趣横生。

②择己所长:前面讲到世界上没有人更优秀,只有谁在哪方面更优秀,每个人都有长处,找到自己的潜在优势,创造机会持续锻炼,扬长避短,将有限的时间放在最能发挥自己优势的职业上。

③择世所需:社会变化越来越快,人们的生活方式随之变化,旧的需求在消失,新的需求在产生,职业本身就是为了满足人们的需求而存在,

因此，了解人们的需求，对行业的趋势要有远见，选择有发展潜力的行业和职业。

④择己所利：职业同时也是我们谋生的主要手段，因此，我们选择职业应遵循"利益最大化"原则，即从由社会地位、报酬、成就感和付出等变量组成的函数中选择最优值。

⑤择己所向：随着职业经验的积累，人生在不同的阶段会有不同的需求，我们需要适时调整自己的职业方向，在职业生涯的道路上，重要的不是现在的位置，而是下一步的方向。

3. 职业定位的方法

职业定位就是从行业范围、就业岗位、就业地点三个角度分别进行职业的定向、定岗、定点。

（1）定向

定向即就业的行业范围，通常情况下，职业方向由本人所学的专业确定。但现实情况是，学非所用、用非所学、专业不对口的情况比比皆是。在这种情况下，我们需要认真考虑，选择适合自己的行业。

（2）定岗

定岗即就业的岗位。择业前要对自己的水平、能力、薪资期望、心理承受度等进行全面分析，做出较准确的定位。既不好高骛远也不妄自菲薄。从基层做起、从基础做起，逐步积累经验，循序渐进，对人的一生都会有好处。可以运用"决策平衡单"技术来辅助岗位决策。

（3）定点

定点即就业的地域。毕业后发展地点选得准，有助于自己在一个地

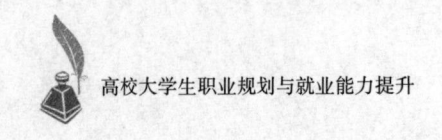

方、围绕一个职业长期稳定发展，对自己的资历、经验都有益。而频繁更换地点、飘忽不定则对职业生涯弊多利少。

4. 职业定位的误区

误区一：定位使人失去了很多机会。很多人认为职业定位限制了选择的范围，于是花太多精力考取各种证书，"海投"简历，认为这样被录用的机会更多。实际上，这种毫无目的地漫天撒网看似机会众多，实则徒费精力，还不如有的放矢，集中精力去挖掘真正的目标。

误区二：定位会使人僵化，限制发展空间。定位不是"一选定终身"，它不是一成不变的，是动态发展的。自身环境在变，外部因素在变，职业定位也需要及时地做出调整。定位是让人找到自己适合的位置，绝不是限制人的发展。

误区三：我的目标就是当总裁。不少人确信"不想当元帅的士兵不是好士兵"。其实在现实生活中"元帅"的职位很少，况且每种职位对具体能力的要求也是不同的，并不是谁都适合。最好采用SMART原则来辅助定位，一切从实际出发。

误区四：自己定位可能不准，要请资深人士来做。我的人生谁做主？做策划的确需要时间和精力，而且有时对自己是一件残酷的事情，但是真正知道你想做什么、喜欢做什么、能做什么、适合做什么的人只有你自己，专家的建议仅供参考，绝不能代替你做决定，最终你的道路是要靠你自己去走。

误区五：别人的工作比我的好。这山望着那山高，总是觉得别人的工作更理想，很多人因此频繁跳槽，毫不考虑对成本造成的损失。到了新的工作岗位才发现又需要适应一套新的竞争机制、新的矛盾和挑战等。要客观分析自己的工作，清楚自己的核心需求，用理性的态度对待工作，不能靠直觉、情绪、非理性信念随意定位。

第三节　职业决策概述

1. 职业决策的概念和意义

决策是一种选择行为，是指个体将相关数据或信息加工组织和整理后，在许多可能的备选方案或项目中，经过主观评估、选择、确定、承诺并付诸实践的一个循环发展过程。

职业决策是综合个体的自我认识，是对教育与职业等外在因素的判断及在面临生涯选择情境时所做出的各种反应。职业决策的基本构成要素包括决策者的个人目标，可供选择的方案和结果，对各个结果的评估。

智者说："人生的道路很漫长，但关键的只有几步。"只有拥有合适的职业，大学生毕业后才能够充分发挥聪明才智，成就一番事业，立于不败之地。职业决策是人生必经的门槛，是大学毕业生必须面对的人生关键的一步，大学生只有掌握科学、有效的职业决策方法，才能做出合理的职业选择。当前，大学生在就业过程中存在明显区域性流向特征。职业选择的随意性较大，更多地关注工资待遇等外在要素，择业缺乏科学性和主动性，没有明确的职业目标。面临职业选择时无所适从，既不知道企业需要什么样的人才，也不清楚自己要找何种工作，始终处于被动就业状态。因此，针对大学生职业选择过程中存在的各种典型问题，加强职业生涯规划教育，使其深刻地认识自我和职业，对形成科学、成熟的择业观，提高其职业决策能力，具有重要意义。

2. 职业决策理论

（1）决策风格

决策风格是指决策的习惯和方式，而不涉及决策的内容和目的。决策风格直接影响决策的效率和效果。有些人倾向于依据逻辑分析进行决策，在收集大量信息的基础上，经过严密推导再做决定。如果有充分的时间，这种人往往能够做出有效的决策，但这种决策的效率不高，如果时间比较紧迫，就很有可能失去良机。有些人具有敏锐的洞察力，能够在纷繁复杂的环境中迅速抓住一些主要环节果断地做出决策，但有时会由于考虑不周而造成损失。决策风格的形成往往与决策者的年龄、心理素质、知识、经验、阅历、性格、习惯等因素有直接关系，也受到决策者所处社会环境和时代特点的影响。上述诸多不同的因素，使决策者对待决策的态度和方法各有不同，久而久之，就形成不同的决策习惯和决策风格。

有外国学者了解决策风格和决策结果满意度之间的关系后发现，决策风格与决策结果的满意度之间有一定相关性，决策风格对决策效果、决策效率均有重要影响。因此，大学生很有必要清楚地了解自己和他人的决策风格。

（2）有效策略的特征及类型

有外国学者认为，职业决策策略能够反映一个人稳定的特质特征与行为风格。因为个体完全具有自主选择的能力，他们会在不同情境下选择不同的决策策略，甚至在具体情境下还倾向于组合使用几种策略。

①职业决策中有效策略应具备的特征。

一是信息数量的多少。

二是全面性或选择性。全面性是综合分析所有的已知信息；选择性是聚焦于相对重要的信息。

三是基于职业或基于职业特征。基于职业是对多个职业进行纵向的整体比较和评价；基于职业特征是对所备选职业的某个方面进行横向比较和评价。

四是补偿性或非补偿性。当一个职业的某个特征可以弥补另一个职业特征的不足时，这是择业者对多个职业特征的权衡。如果职业决策者不采用这种弥补与权衡则称为"非补偿性"。

②职业决策有效策略的四种类型。

一是加权策略。根据偏好赋予职业特征一定的权重，比较每个职业各个特征加权之后的总分，选择得分最高的职业。

二是满意策略。按一定顺序对每个职业进行审视，这种顺序会直接影响决策的结果。如果发现一个职业的各个方面都能达到自我期望，个体将做出选择这个职业的决定。

三是排除策略。择业者往往对某些职业特征有一些期望。选择时，首先除去不能满足某个特征最低期望值的职业，其次再去除不能满足另一个特征最低期望值的职业，按此方法对各种备选职业逐个进行评价，直至剩下一个最符合各个特征期望的职业，作为最终选定的职业。

四是优劣势策略。该策略为每个职业特征设定一个分界点，在此分界点之上的备选职业记为正，在此分界点之下的记为负。择业者对各个备选

63

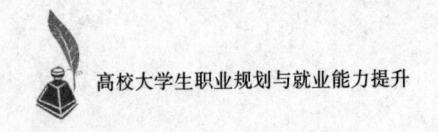

职业进行评价，正号最多的职业将被选中。

3. 影响职业决策的因素

职业决策是个复杂的过程，影响因素有很多，既有外在的，也有内在的。著名的职业辅导理论家克朗伯兹将影响个人职业决策的因素分为四类。

（1）遗传和特殊能力

遗传和特殊能力即个人得自遗传的一些特质，如种族、性别、外表特征、智力、个人天赋等，在某种程度上决定了个人的职业表现，影响到个人的职业生涯。例如，在现阶段的大学生就业中，性别因素仍然不可否认地影响到求职者是否有机会参与面试和被录用。而身高、体形、健康状态等先天条件在诸如模特、文艺工作者、军人等职业的招募当中也占据了重要的地位。

（2）环境和重要事件

环境和重要事件包括人类活动（如社会、文化、政治、经济活动，家庭、教育活动）的影响和自然力量（如自然资源的分布或自然灾害，如地震、洪水以及干旱）的影响。很显然，家庭的社会经济地位（是偏远农村还是沿海城市，是否为贫困家庭）、家庭对个人的期望（如是否重视教育）、所在地区的教育水平等，都会在很大程度上影响个人的求学背景和发展机会，而像"改革开放"这样重大的社会政治经济变革，也极大地改变了千万人的人生轨迹。

（3）学习经验

这里所说的"学习"是广义的学习，即每个人在正常生活中不断积累的经验和认识。例如，一个孩子在与小伙伴玩耍的过程中，发现如果自己愿意与伙伴们分享玩具，别人就会更乐意跟自己玩。那么，这个孩子可能由此学到"分享""合作"。而如果父母总是为自己的孩子包办一切，不允许他有自己独立的想法或喜好，那这个孩子就学到了"不负责任"，这样的孩子长大到该独立进行职业决策的时候，就很难做出决策，也没有自己的主见。由此可见，每个人在其成长过程中都积累了无数的学习经验，个人的学习经验是独特的，而这对个体的职业生涯选择又具有重要的影响。一个人是自信还是自卑、是敢于冒险还是畏惧变化，他怎样看待他人，他对教师、医生、警察等各种职业有些什么印象，他更看重工作带来的成就感还是与家人相处的时间等，无不与个人的学习经验有关。

（4）任务取向的技能

受上述因素的作用，个人在完成一项任务时，会表现出特定的工作习惯、解决问题的能力、心理状态、情绪反应和认知的历程，这称为"任务取向的技能"。比如，面对找工作这件事情，同一个班里的同学都没有经验，但有的人可能会积极地面对困难，会想到利用学校就业中心所提供的各种信息和资源（如选修职业生涯规划课程、听讲座、参加学校组织的各种考察实践活动等），向自己的亲友、老师和高年级的同学请教，之后会开始思考和探索自己的兴趣、能力，并着手联系实习的机会。这样，当他们到了大四的时候，已经对自己和劳动力市场有了相当的认识，也积累了不少的信息和资源，可以说是胸有成竹了。而另外一些人则一味拖延，不去面对困难，直到大三或大四才开始着急，或寄希望于自己的某个亲戚能够帮忙找一份工作，或埋怨学校不帮助毕业生联系就业单位，最后草草找到一份工作了事。在这个过程中，不同的人所表现出来的心态、习惯和能力，其实反映了他们不同的任务取向的技能。

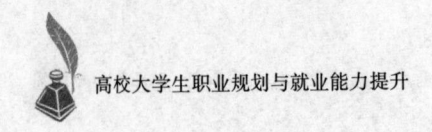

在克朗伯兹提出的这四类影响职业决策的因素中,前两类因素通常不受个人控制,而后两类则是个人在成长过程中可以不断积累和更新的。克朗伯兹认为,上述四种因素交互作用的结果,形成了个人对自我和世界的推论或信念。这些推论不一定完全正确,要视个人的学习经验而定。

第四章　职业目标

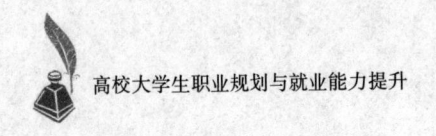

第一节 职业目标概述

1. 职业目标的概念

职业目标是指个体渴望获得的与职业相关的结果，是个体选定的职业领域中未来某个时刻要达到的具体成就。设定职业目标是职业生涯规划的核心内容，具体表现在：有助于提高个体目标努力的坚持度；有助于个体选择实现目标的战略战术；有助于个体的职业生涯成功，影响和引领个体现时的行为表达方式；有助于个体衡量自己行为结果的有效性，提供即时性的积极反馈。大学生的职业目标是指大学生根据社会期望和自身发展的需要，选择自我奋斗的目标和发展的方向；它不仅能够为大学生的自我发展指明方向，而且能够充分调动大学生的积极性、主动性和创造性。

2. 职业目标的类型

（1）概念性职业目标

概念性职业目标属于哲学层次的问题，与具体的工作和职位无关，它所表达的是工作任务的性质、场所和全部的生活方式，反映的是个体的价值观、兴趣、才能和生活方式偏好。

（2）操作性职业目标

操作性职业目标是将概念性职业目标转换为一种具体的工作或岗位，如获得某公司的市场调研部经理或市场总监职位。在设计职业目标时，个体要在概念性职业目标和操作性职业目标两方面进行认真分析和权衡。

（3）短期与长期职业目标

从时间维度看，职业目标可以分为短期职业目标与长期职业目标。长期职业目标的时间跨度是5~7年，短期职业目标的时间跨度是1~3年。如表4-1所示是某人力资源经理助理所设定的短期职业目标和长期职业目标。

表4-1 人力资源经理助理的职业目标

目标	短期职业目标	长期职业目标
概念性目标	承担人力资源管理的职责 学习人力资源的知识和技能 创造更多机会与经理互动沟通	参与公司的人力资源战略规划活动 参与公司的长期发展规划 参与公司的政策制定与执行
操作性目标	2~3年成为公司的人力资源经理	6~8年成为公司的人力资源总监

3. 职业目标的设定

杭州师范大学钱江学院许占鲁的调查表明，大一新生中有明确职业目标的人数占16%，有目标但不很明确的人数占24%，没有确立职业目标的人数达到60%。这个调查结果反映了当前大学生求职过程中的困惑心理和盲目行

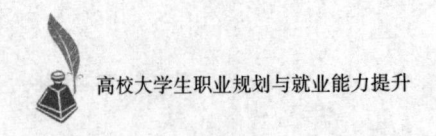

为，暴露了大学生职业目标的严重缺失。职业目标设定应包括以下程序。

（1）选择职业生涯发展路线

职业生涯发展路线是指一个人未来的职业发展方向。不同的职业生涯发展路线对从业者的素质要求有所不同，影响日后的职业生涯发展阶梯。职业生涯发展路线呈现为一个自下而上的职业阶梯，如大学教师的职业生涯发展路线是助教—讲师—副教授—教授，企业财务人员的职业生涯发展路线是会计员—主管会计师—财务部经理—公司财务总监。

不同素质的个体所适合的职业生涯发展路线有所不同。例如，有人适合从事研究工作，可在科学技术领域获得突破；有人适合管理岗位，能成为一名优秀的管理者或领导者。职业生涯发展路线的类型包括三种。①专业技术型路线。它是一种技术职能取向的专业路线，需要从业者具备特定的知识、能力和技术，尤其是良好的分析与综合能力。②行政管理型路线。它是一种管理职能取向的路线，以从事一定的管理岗位为目标，对一个人的综合素质尤其是人际技能的要求较高。这类职业生涯发展阶梯一般是从基层职能部门开始，然后向中级部门和高级部门逐步提升；管理权限越大，所承担责任也相应越大。③自我创业型路线。它是一种以自主选择和自由发展为特色的职业生涯阶梯。自我创业型路线客观上要求具备创业的良好机会和适宜创业的社会土壤，主观上则需要创业人员具有较高的创造性、强烈的成就动机、较高的心理素质和承担风险的意识与能力，善于开拓新领域、新产品和新思维。

（2）选择职业目标

职业生涯规划需要设立一个有效而可行的职业目标。职业目标要符合如下要求：①为每一个行为设定明确的方向。②反映一个人的真正追求和真实需要，便于科学管理时间。③立足现在和利于未来发展相结合。④清晰地评价每一个具体行为的效率、效能和进展状况。⑤结果导向重于过程导向。

⑥结果具有可预见性，以持续产生信心、热情和动力。⑦具体、明确而不空泛。⑧高低适度，不宜好高骛远。⑨兼顾平衡，与生活目标有机结合。

职业目标的选择流程通常表现为自我认知—职业认知—职业目标确立。职业目标的确立是建立在自我认知和职业认知基础之上的。

到这里，我们基本上对职业有了一个相对个性化的判断，也有了一个职业目标选择的大致方向，我们称为"职业目标选择的第一阶段"，即个体认知阶段。接着，我们进入第二阶段，即分析评估阶段，这个阶段包括职业选择策略和优势整合两个步骤。职业选择策略指的是在面对众多职业选择对象时个体所采取的选择方针和选择方法。从利益最大化原则来看，每个人在选择职业时总希望选择适合自身特点而有发展前途的职业作为目标。也就是说，该职业应该既是适合自己的，又是自己喜欢的、自己能做好的和可以做好的。与优势整合环节相结合，最后的职业目标可能对于某些选择者来说不止一个，那么他就必须从多个目标中做出取舍；而对另一些人来说，也许理想的目标一个也没有，因此就必须退而求其次，比如选择适合自己、能做好、可做好但不一定喜欢的职业作为目标。最终，选择者会进入最后一个阶段，即职业目标确立阶段。在此阶段，选择者必须既考虑个人实现目标的资源和精力，又考虑可能会面临的风险，因而目标保留的最终数量一般不超过三个（多了则精力达不到），但至少应该有一个。保留多个目标的人，还应考虑协调几个目标之间的关系，争取使它们具备互补支撑和相互替代的关系；目标有缺陷的选择者，从确立该目标之日起，就应该着手创造条件、弥补缺陷，力争在条件改善、资源改造、个体能力增强的同时实现目标。

实际操作中，职业目标的选择过程往往不会仅做一次，在面临学业方向改变、就业前景考察、职位升迁等状况的时候，便需要在反复审视和循环发展中确定职业目标。所以，熟悉这一流程，对个人的职业生涯发展尤为重要。

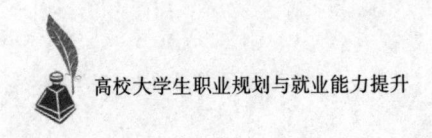

（3）设立目标的原则

职业目标的设立绝不简单地等同于职业目标的选择，它不仅是为了找到目标，而且需要管理和使用好这个目标，为职业生涯发展规划的深化和优化服务。职业目标的设立一般要遵循SMART原则。

①具体、明确。

不使用含糊笼统的语言，比如不要说"我的目标是更好地利用时间"，应该说"我一天只能花不超过一个小时的时间来看电视"，或"我每周要花两个小时的时间来上网查找有关服装设计师这一职业的资料"。

②可量化的。

有一个可衡量成功或失败的标准，从而做出准确评价。比如，"加强社会实践"为"在这个月内，参加一个学生社团（摄影协会），并访谈两位摄影师"。

③可达到但有挑战性。

根据你的情况，实现目标是现实的，但可能有一定难度。比如，如果你目前只是一个大四学生并且没有什么相关的工作经验，却计划在两年内成为大公司的中层经理，这个目标就不那么可行；但如果你计划十年内成为中层经理，那又缺乏挑战性，可能不太有动力去实现这个目标。

④平衡关联的。

目标需要和其他目标具有相关性，可以被证明和观察的，这样才切合实际。比如，个人目标与公司、部门目标相联系。个人发展、经济事业、兴趣爱好、和谐关系四大目标是平衡关联的。

⑤在限定时间范围内完成。

不要将目标完成时间统统定为"大学毕业前"，而要有计划分步骤地在限定的时间内完成。以一周、一个月或一个学期为单位设立目标，会比将事情都推到临近毕业完成有效得多。

在SMART原则之外，还有一条原则对职业目标确定非常重要，那就是可控性。可控性主要是指对影响目标实现的因素具有控制能力。比如，"我的目标是在某公司获得一份工作"，这种表述方式就违反了可控性原则。因为你能否获得这份工作并不取决于你自己，你有被拒绝的可能性。但如果你将目标换成"在下周三之前向某公司申请一个职位"，这就是可行的，因为你能控制相关的因素。目标的可控性原则表明，你必须为自己的目标负责，而不指望他人来实现一切。当你确定需要他人的帮助时，你可以向他人争取，但同时你对自己的期望不能看得太重，必须做好被拒绝的准备。确切地说，你能控制的只有自己，因此你的目标也必须完全地属于你。

采用上述原则使你制定的目标与计划有实现的可能，并且可以帮助你在一段时间之后总结自己所取得的进步与不足，明确自己该做什么以及做得怎么样。在设定好职业目标之后，要做的工作是职业目标的实施和职业目标的评价与反馈，英国博物学家、教育家托马斯·亨利·赫胥黎曾经说过："生命的伟大终结不在于知识，而在于行动。"只有行动才是永远的巨人。如果没有把职业目标转化为一个个具体的行动目标，那么实现职业目标终将是黄粱美梦。但职业生涯又是一个长期、动态的过程，过程中有着复杂的主客观因素，需要我们不断地反思评估，从而实现自己的职业理想。

第二节　实现职业目标的途径、方法与措施

职业生涯规划能否实现，很大程度上取决于能否立即行动。俗话说：

心动不如行动。因为只有行动，才有成功的可能性；只有从现在做起，才能完成你的人生规划。如果没有行动，计划就毫无价值，目标也就失去了意义。苦思冥想，谋划如何有所成就，是不能代替实际行动的，没有行动的人，只是纸上谈兵，成不了大业。大学生要使自己的职业生涯规划变为现实，就必须按照计划去行动。

1. 实现职业目标的途径

职业目标的实现不可能一蹴而就，需要将目标分解实施。将职业生涯长期的远大目标进行科学分解和组合，使其清晰化、具体化，便形成了可采取的具体步骤和可操作实施的具体方案。

（1）职业目标分解

职业目标分解的方法一般有两种，即按时间分解和按性质分解。

①按时间分解。

按时间分解是最常用的目标分解方法，也比较容易掌握。在经过SWOT分析以后，选择职业路线并确定总体目标。这个总体目标就是最终目标、职业目标。分解目标的具体方法是首先将最终目标分解为若干个长期目标；每一个长期目标都有具体的目的；其次再将每一个长期目标继续分解成若干个中期目标，最后继续将中期目标分解为短期目标。每种目标的特征及要求如下。

长期目标。一般指时间为5年以上的目标，通常是粗线条的、不具体的，可以随形势的变化而变化。它的主要特征是：目标是个人认真选择的，且和社会需求相吻合；目标有可能实现，但难以确定实现的时间，在一定的时间范围内实现都可以；目标符合自己的价值观，能鼓舞自己，为自己的选择而自豪。

中期目标。一般为3~5年，它相对于长期目标要具体一些。中期目标的特征主要有：与长期目标保持一致；需要对目标实现的可能性做出评估；必须结合自己的意向及组织（企业）的要求来制定；除定性外，还要根据数据等来做出定量说明；符合自己的价值观，能增强自己的成就感。

短期目标。一般指时间在1~3年的目标，是中期目标和长期目标的具体化，具有操作性。短期目标的主要特征有：服从和服务于中期目标；目标明确、具体、切合实际且具有可操作性；明确规定目标具体完成的时间；目标可能是自己选择的，也可能是组织安排、被动接受的；目标要适应环境，适当提高一点，经过努力能够达到。

一般来说，短期目标服从和服务于中期目标，中期目标服从和服务于长期目标，长期目标又服从和服务于职业目标。

②按性质分解。

个人职业目标按性质可以分为外职业目标和内职业目标。

外职业目标。外职业侧重于职业过程的外在标记，包括职务目标、工作内容目标、经济收入目标、工作地点和工作环境目标等。

内职业目标。内职业目标指从事一项职业时所具备的知识、观念、能力、心理素质等因素的组合及其变化过程。这些因素不是别人赐予的，而是自己通过努力获得和掌握的。一旦取得，就成为别人拿不走、收不回的个人财富。制定外职业目标与内职业目标是同时进行的，内职业的发展是外职业发展的前提，内职业发展了，外职业自然会得到提升。所以在分解和组合自己的职业生涯目标时，内职业目标是应该重点把握的内容。

（2）职业目标组合

目标组合是处理不同职业目标之间相互关系的有效措施。职业目标包括内职业目标与外职业目标、短期目标与长期目标。虽然有时它们之间存在排斥性，使我们只能在不同目标中做出选择。但是不同目标之间还具有因果关系与互补性，我们可以积极地进行不同目标的组合，达到职业生涯和谐发展。

职业目标组合有三种方法：按时间组合、按功能组合和全方位组合。其中全方位组合已经超出了职业规划的范畴，它涵盖了职业生涯全部活动。

①按时间组合。

职业目标在时间上的组合可以分为并进和连续两种情况。

并进组合。并进组合是指同时着手实现两个平行职业目标或同时实现与目前内容不相关的职业准备目标。比如，一个秘书为了今后的发展，在做好本职工作的同时，业余学习新闻专业课程。又如，高校的系主任一般同时肩负教学、科研工作。合格的系主任可以同时成为优秀教师，尽管是两种不同方向的工作，工作内容和目标以及相应的工作能力要求不同，但可以并行实现，互不矛盾。这就叫作"目标的并进组合"，它有利于发挥个人更大的潜能。

连续组合。连续组合是指将各个目标按时间先后连接起来，实现一个目标后再实现下一个目标，续而有序地实现。例如，一个土建工程师，计划念完MBA后，当三年建筑设计室主任，去创建自己的建筑装饰公司，各个目标分阶段实现，这种目标组合的方法就是连续组合。

②按功能组合。

职业目标的实现在功能上可以产生因果关系和互补关系。

因果关系。通常情况下，内职业发展是外职业发展的前提，内职业发展带动外职业发展。内职业发展主要靠自己探索、努力获得，外职业发展通常由别人决定，也容易被别人否定。内职业是原因，外职业是结果。

如能力目标的实现会促进职务目标的实现，而职务目标的实现又会带来经济收入的提高。要想实现能力目标，则必须更新观念、学习知识、提高素质、不断实践，进而做出成绩。

互补关系。有时，不同目标之间存在着互补关系。如一位高校行政管理人员希望成为某一个部门处长的同时得到教育学硕士学位证书，这两个目标存在互补关系。管理工作为研究生学习提供实际经验和体会，而研究生学习又为实际的管理工作提供理论和方法，两者也存在互补关系。

③全方位组合。

全方位组合是指个人、职业和家庭的均衡发展，相互促进。这就要求大学生在建立职业目标时，考虑个人事业发展、职业生涯中的各种愿望和家庭生活，统筹协调，获得全方位的发展。

2. 实现职业生涯目标的方法

将职业目标分解和组合只是第一步，具体的行动方案还要结合实际情况认真计划。许多人心中虽有一个大致、模糊的设想，但没有形成文字性的东西，而且计划不清晰、不具体，缺乏可操作性，影响职业生涯发展的进程。成功者往往是确定职业目标并且按计划逐步落实的人。

如果没有行动，计划就毫无价值，目标也就失去了意义。要使职业生涯规划变为现实，必须按照计划去行动。

（1）认真完成学业，积极参与培训

任何一个职业目标的实现，都应该有基本的知识储备做保证。而大学教育正是获得未来各项职业基本知识的有效途径。大学生无论树立多么远大的职业目标，但都要以完成大学学业为前提。如果一个大学生连毕业证

77

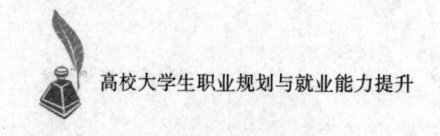

都拿不到，怎么能跨过职业的门槛？

在学习知识的同时，参与各类培训是我们提高工作能力的重要途径。有效的培训不仅要指向目标，而且应切合自己的实际情况和环境条件。

（2）严格实行计划，分清轻重缓急

一个好的计划，就是个人努力的方向。为了保证自己的行动能与目标一致，就需要最大限度地根据个人职业生涯发展规划，约束自己的行为，将计划放在心上，保证经常回顾自己的构想和行动规划。

如果出现无法应对的情况，就应该分清轻重缓急。职业目标的实现，一方面靠苦干、实干；另一方面需要巧干。特别是在当今这个时代，一切因素都处在变化之中，如果你的理想已经发生变化，你的构想和行动规划也要做出相应的变动，阶段性目标和策略也应随之改变。计划毕竟是计划，往往需要与现实结合起来进行动态管理，否则，缺乏灵活性就会导致计划落空。

（3）注意抓住机遇，投入有效行动

实现职业目标，除了自己创造的机会，还应该抓住组织所提供的机会。如果单位有培训，千万不要因为工作忙、家庭事务多、身体状况不佳等而放弃。这一次放弃了，也就失去了一个晋升或选择更有挑战性职业的机会。

抓住机会就要立即行动。俗话说，心动不如行动。记住歌德的一句名言："知道是不够的，我们必须应用，仅有愿望也是不够的，我们必须行动。"

所谓有效的行动，就是行动要始终围绕着目标进行，具体做法如下。

①将所有力量集中于目标。

集中力量，包括集中时间、精力、物力和财力等一切可调动的"能量"为目标而努力。同时要特别注意，行动不能偏离目标轨道。

②排除无益于目标实现的活动和干扰。

在工作和生活中，总会有诸如无价值的会议、鸡毛蒜皮的杂事、毫无意义的聊天和劳神费力的游戏等干扰我们，对于这些无益于目标的活动要力求避免。

（4）监督工作进度，克服拖延恶习

保证至少每三个月检查一次学习或工作进度。监督可以发现计划的问题，可以考察计划的落实情况，可以有针对性地提出解决方案，十分重要。例如，如果感到工作和生活过于舒适，那就意味着目标定低了，需要适当地调高目标，使自己的目标难度更合理。

在学习或工作过程中，有些人总是喜欢拖延，对于应该当天做的事情，用种种借口拖着不办。有些人虽然有行动，但行动的附加条件太多，行动太磨蹭，这实际上也是拖延的表现。时间久了，人生规划就难以实现。

克服拖延、立即行动的方法有以下三种。

①从现在做起，先干起来再说。行动过程当中存在的问题，可以边做边解决。也就是遇到问题，解决问题；遇到困难，克服困难。这是实现人生目标的重要一步。

②今天的事情今天完成。日目标的完成情况直接影响周目标的实现，而周目标又影响月目标，月目标又影响年目标……所以，当日的事情能否完成，将对以后的环节产生重大影响。一个人要想实现自己的职业目标，就必须从当日做起，当日的事情当日完成。

③养成立即行动的习惯。行动是习惯，拖延也是习惯。有些人能力很强，但较拖沓，你有这个缺点，就应有意识地训练自己，养成好习惯。

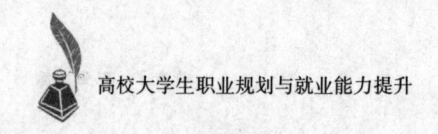

（5）锻炼坚强毅力，努力克服困难

在工作、学习和技能培训等实现职业目标的过程中，会受到许多杂事、杂念的影响。如恋爱与学习的冲突、婚姻与工作的冲突、家庭与事业的冲突、兴趣爱好与辛勤耕耘的冲突等，都需要处理好，需要亲戚、朋友的理解。否则，计划很难长期执行。有时工作太累了，很想休息，有时朋友约你去旅行，有时很多人都在娱乐，自己也有兴趣参加。所有这些干扰因素都需要根除，坚持自己的目标，所以坚强的毅力是实现目标的保证。

困难往往不是一时半刻就能解决的。要实现自己的职业目标，就要敢于克服困难。有的人遇到困难，马上就如同泄了气的皮球，垂头丧气，意志消沉；有些人不是没有能力解决困难，而是觉得解决困难太累，不愿为此付出努力；有些人在职业生涯规划的初期坚持行动，但随着时间的推移，动力逐渐减少，行动难以坚持。凡此种种，实际上都是畏难情绪在作怪。我们要明白，世界上没有一件有价值的事情不是通过辛勤劳动而得以实现的。伟大的科学家居里夫人曾说："我们的生活都不容易，但是那有什么关系？我们必须有恒心，尤其要有自信心！我们必须相信我们的天赋是要用来做某种事情的，无论代价多大，这种事情必须做到。"一个人要想获得事业的成功，必须具有敢于克服困难、敢于拼搏、坚持到底的精神。

3. 实现职业目标的措施

制订职业目标规划后，就该进入为实现生涯目标而努力的实施阶段。目标分解和目标组合不能代替具体的行动方案。这里所指的行动方案，是指落实职业目标的具体措施，包括教育培训、实践锻炼、讨论交流等。

（1）教育培训

教育培训就是根据目标分解，制订教育培训计划，它是提高竞争力、接近目标的重要策略。有效的教育培训计划必须是指向目标、切合自身实际和可实施的。

（2）实践锻炼

接受教育培训是重要的，但任何教育培训都有基础性、普遍性、时段性的特点。"实践出真知"，知识的积累、技能的培养、素质的提高主要靠在平时实践中学习。实践锻炼是缩小能力差距的最有效、最直接的方法。人们在实际工作中需要具备的许多才干，更多是从实践中学来的。集中理论学习是学习，实践中学习也是学习，而且是更重要的学习。在工作中学，做什么学什么，缺什么补什么，不要放过任何一个增长才干的锻炼机会。在做好本职工作的同时，也不要拒绝领导、同事给的"分外活"，说不定在"帮忙"的过程中，就会有新发现，受到新的启示，得到新的成功体验。积累到一定时候，就可能成为你职业生涯发展的新起点。

（3）讨论交流

讨论交流是指为缩小差距，通过与他人进行讨论、交流获得新知识、灵感和经验。这就是经常说的"他山之石，可以攻玉""三人行必有我师"。在职业生涯中，总有些前辈为我们树立了榜样。平时应注意汲取他人的长处，无论是你的上级还是同事，是父母还是配偶，是同学还是客户，甚至是竞争对手，仔细考虑他们对你的职业生涯发展可能产生的积极影响，与他们保持联系，从与他们的交谈中学习经验，获取智慧，从而应用到自己的职业生涯中。假如你所追求的是组织目标，讨论交流更为重要。因为想单枪匹马完成所有工作是不可能的。把自己培养成反应敏捷、知识广博的谈话高手，对日后必定会有很大帮助。这种自我栽培可以带来多重利益，不仅可以使自己更优秀，还能使自己的内在生活更丰富，也能在所追求

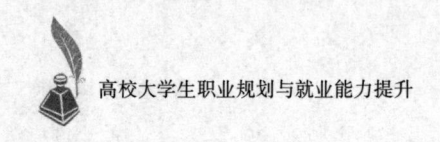

的目标范围内发挥更大的创造性思考能力,让你更受欢迎、更有吸引力。

(4) 储备良好的人际资源

人际资源在个人职业生涯发展过程中具有举足轻重的作用。所谓人际资源,必定是你认识的人"认同你",可以"为你所用",愿意帮助你,使"做事更有效果,更方便"。在一个人周围,什么样的人可以作为自己的人际资源,怎样才能建立一个良好健康的人际网络呢?

储备人际资源应以自己职业生涯规划的发展方向为依据,通常要与下面这些人建立人际关系:老板、上司以及在工作中表现出色的同事;家族中事业成功的长辈;同龄的朋友和同学;志同道合的社团朋友。值得一提的是,交朋友不可带有太重的功利心,对所有朋友,无论他现在处境如何,都应以平等态度与之相处。

要建立真正的人际资源,最简单的方法就是增加自己的魅力,增加自己的价值。如果你能引起别人心中的渴望,让别人被你吸引,主动靠近你,你就可以建立人际大磁场。魅力往往从你的内涵开始。职场的内涵就是专业能力,或互动过程的沟通能力。在具备个人内涵的情况下,也需要一些实际的技巧。

第三节　职业目标的评估与反馈

个人事业的成败,很大程度上取决于有没有正确适当的目标。没有目标如同驶入大海的孤舟，四野茫茫，没有方向，不知道自己走向何方。只有树立了目标，才能明确奋斗方向，犹如海洋中的灯塔，引导你避开险礁暗石，走向成功。

在人生的发展阶段，由于社会环境的巨大变化和一些不确定的因素，我们会与原来制定的职业生涯目标与规划有所偏差，这时需要对职业生涯目标与规划进行评估并进行适当的调整，以更好地符合自身发展和社会发展的需要。职业生涯规划的评估与反馈过程既是个人对自己不断认识的过程，也是对社会不断认识的过程，是使职业生涯规划更加有效的有力手段。

职业生涯规划的实施过程，要先从具体的、短期的目标开始实施，短期目标逐个实现，中期目标开始实现；而中期目标实现了，长期目标也就会逐步实现。同时，一个好的计划应该是可修正的，因此各种计划都有反馈机制，要根据实施结果及时评估并修正。

1. 职业生涯成功及其标准

职业生涯成功是个人职业生涯追求目标的实现。因此，弄清职业生涯成功的标准与影响因素，有利于我们对职业生涯进行评估。

怎样的职业生涯才算是成功的？对不同的人来说，成功标准不一样，有很强的相对性，衡量的标准全由自己的希望与需要来确定。每个人的价值观不同，职业需求不同，对成功的理解也会有所差别。每个人都可以也应该对自己的职业生涯成功进行明确的界定，包括成功意味着什么、成功时个人的收获、成功的时间和范围等。

虽然成功没有统一的标准，但是，每个人都应当有明确的成功标准，并时时用这个标准来检验实际的行动。一般认为，职业生涯成功的标准有

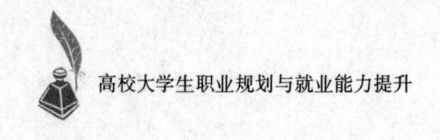

以下五种。

（1）进取型。视成功为升入组织或职业的最高阶层。特别注重在群体中的地位，更高的职务。

（2）安全型。追求认可、稳定，视成功为长期稳定和相对不变的工作。

（3）自由型。追求不被控制，视成功为经历的多样性。希望有工作时间和方法上的自由，最讨厌打卡机。

（4）攀登型。追求挑战、刺激、冒险，愿意从事创新工作，视成功为螺旋式上升、自我完善。

（5）平衡型。要对职业生涯成功进行全面的评价，必须综合考虑个人、家庭、企业和社会等各方面的因素，视成功为家庭、事业、自我等均衡协调发展。

有人认为职业生涯成功意味着个人才能的发挥以及为人类社会做出贡献，并认为职业生涯成功的标准可分为"自我认为""社会承认""历史判定"。对于企业管理人员来说，按照其人际关系范围，可以将其职业生涯成功标准划分为自我评价、家庭评价、企业评价和社会评价四类评价体系，如果一个人能在四类体系中都得到肯定的评价，则其职业生涯无疑是成功的。

2. 评估的意义

（1）评估是改进职业生涯规划的重要环节

只有完成了评估，一个职业生涯目标实现的过程才完整。无论短期职业生涯规划目标的实现是成功还是失败，其经验或教训都可以成为下一个职业生涯目标改进和完善的依据。在实施职业生涯规划的过程中，自觉地总结经验和教训，评估职业生涯规划，可以修正对自我的认知，完善个人早期职业生涯规划，纠正最终职业目标与分阶段职业目标的偏差。

（2）评估是继续完成职业生涯规划的必要前提

职业生涯规划包含着一系列短期计划、中期计划，彼此之间都不是孤立存在的，任何一个新的目标总是以所完成目标的效果为背景和基础的，如果前一个目标的问题没有被发现和解决，必然会对新的目标造成不良影响。

（3）评估是激励自己继续前进的动力

通过评估与修正还可以极大地增强自己实现职业目标的信心。一个短期目标或中期目标的顺利完成，可以使人们看到完成的效果甚至享受成功的喜悦，从而提高个人的自信心，为完成下一阶段的目标创设良好的心理氛围。

3. 评估的程序

（1）重温生涯目标

经常回顾你的构想和行动计划。有的人员有计划，但总不将计划放在心上，只要有事做，就不知道自己努力的方向在哪里。把你的构想和任务方案存入电脑文件，或贴在床头等可经常看见的地方，时刻提醒自己。当你做出一个对生活和工作极其重要的决定时，请考虑一下你的构想和行动计划，并确保你正在仔细考虑的决策与你的本意相符。常常问一问：你正在做的是最想做的事吗？你真的适合做这个职业吗？你能如期完成既定目标吗？是否将重心放在了最重要的地方？

（2）分析当前的实际情况与当初目标的吻合程度

在评估中首先要确定当前的状态，并进行文字描述。在描述中判断实

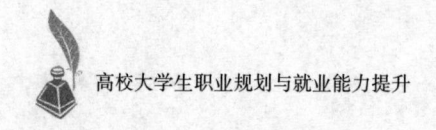

际行为效果与期望值的偏差，分清哪些是完全达成目标的，哪些是部分达成目标的，还有哪些完全没有达成目标。对于达成目标的内容，要分析其成功的原因，对没有完成目标的部分，也要研究导致失败的原因。

（3）运用结果修正、完善目标

通过分析目标达成与目标偏差，找出原因，列出纠正偏差采取的措施，及时地调整策略。策略的调整可分为两种：一是调整目标，使之更接近个人的真实情况；二是调整行动方案，使之相对目标更具可行性。有时目标是刚性的，只能通过调整行动以达成目标；有时目标和行动均是可调整的，这时需要通过调整使二者协调。目标修定时不能设得太低，通常情况下以"跳一跳才能摘到桃子"为目标设定的尺度。

经常自省是必要的，过程监督也十分重要。若校核目标偏差的间隔时间太长，那么产生的偏差可能太大，校核目标时就有可能无法修复；频次太高，校核花费的时间成本大，不利于目标的达成。通常选择每三个月检查一次你的工作进度。

4. 评估要点

评估可以参照各类短期、中期预定目标和实际结果来进行。一般来说，任何形式的评估都可以归结为自我素质和现实环境的适应性判断，分析自己的现状，特别是针对变化的环境，找出偏差，并进行修正。

（1）抓住最重要的内容

评估时主要评估关键要素，少给权重，甚至忽略。

（2）分离出最新的要求

主要观测点，抓住重要内容；而对细枝末节的东西，要少花费精力；

针对变化了的内、外部环境，要了解最新的趋势和影响。俗话说的变化和需求，找出最有效而且最有新意的策略。

（3）找到突破方向

有时候，在某一点上取得突破性的进展将使整个局面发生意想不到的改变。想一想先前规划中的策略方案，哪一条对于目标的达成有突破性的影响？达到了吗？为什么没达到？如何寻求新的突破？

（4）关注最弱点

管理学中有个著名的木桶理论，即一只沿口不齐的木桶，其容量的大小，不是取决于最长的那块木板，而是取决于最短的那块木板。在反馈评估过程中，当然要肯定自己取得的成绩与长处，但更重要的是切合变化的环境，发现自己的"短木板"，然后想办法修正，或者把这块短木板换掉，或者接补增长。唯有如此，你的职业生涯这只"桶"才能有更大的容量。一般来说，"短木板"可能存在于下列四个方面。

①观念差距。观念陈旧往往会造成策略的失误，导致行动失效。

②知识差距。按照实施策略所积累的知识仍然不够，或者学错方向。

③能力差距。环境在变化，对人的能力的要求也是在不断变化的。彼时你通过种种努力提高了某些能力，但此时可能又会出现新差距。另外，前一阶段是否坚持按计划来提高能力了，提高了多少，遇到过什么困难，对后一阶段都有重要的启发。

4）心理素质差距。很多时候，我们没有取得预期的进步，并不是规划得不够好，或者措施不够得当，而是心理素质不够。一个人职业生涯的发展，首先是心理素质的成长。

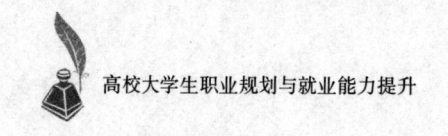

5. 调整修正

接下来，就是要根据评估的结果进行目标和策略方案的修正。修正的内容包括：职业的重新选择；职业生涯路线的选择和阶段目标的修正；实施措施与行动计划的变更等。通过反馈评估和修正，应该达到以下目的：

（1）对自己的强项充满自信，知道我的强项是什么；

（2）对自己的发展机会有一个清楚的了解，知道自己什么地方还有待改进；

（3）找出关键的有待改进之处；

（4）为这些有待改进之处制订详细的行为改变计划；

（5）以合适的方式答复那些给予反馈的人，并表示感谢；

（6）实施你的计划，确保你能取得显著的进步和成就。

总之，职业生涯规划是一个持续的动态过程，有效的职业生涯规划需要不断地反复修正职业目标，反省策略方案是否恰当，以适应环境的改变，同时可以作为下一轮规划的参考依据。

第四节　个人职业生涯规划管理与实践

20世纪早期，职业只是人们生存的手段，人们通过从事一定的职业来满足生存的需要。因此，在这个时期几乎没有个人的职业生涯，个人的从业经历更多地表现出跟随企业命运变化而缺乏规划的特征。但是20世纪70年代以来，尤其是随着自我价值实现的盛行，个人的职业更多地受个体选择的影响，更多地控制在个人的意愿之下。同时，随着人力资源成本在企业总成本中所占份额的不断上升，企业开始将员工个人的发展与组织的整体发展结合在一起。在这种背景下，人力资源专家提出了职业生涯管理的概念。

国外职业生涯管理的研究主要经历了三个发展阶段：20世纪70年代注重个体发展，80年代注重企业发展，90年代注重企业与员工发展的平衡。

1. 职业生涯管理概述

职业生涯管理是现代企业人力资源管理的重要内容之一，是组织开展和提供的、用于帮助和促进组织内正从事某类职业活动的员工，实现其职业发展目标的行为过程，包括职业生涯设计、规划、开发、评估、反馈和修正等一系列综合性的活动与过程。职业生涯管理的内容包括以下三个方面。

（1）开展个人职业生涯的目标管理

要管理好自己的职业生涯，获得未来事业的成功，就要充分分析自己的兴趣、知识结构和能力，在此基础上探索自己的职业需要和职业兴趣，初步确定职业目标。必须在知己知彼的情况下，根据自己的特点和现实条件、确立自己的职业生涯目标。目标通常分为短期目标、中期目标、长期目标。短期目标一般为1~3年；中期目标一般为3~5年；长期目标一般为5~10年。职业生涯目标的设定是个人职业生涯规划的核心。

在进入自己选择的职业领域后，个体要加强学习和锻炼，注意积累丰富的工作知识和经验，同时，不断评估自己的职业需要、职业兴趣和职业目标，当存在差异时，要及时做出调整。在确定自己的发展方向后，要争取一切机会，发展和展示自己的工作技能与专长，力争成为某一领域的专家或职业能手，评估自己的职业目标和新的职业机会，做出适当的调整，

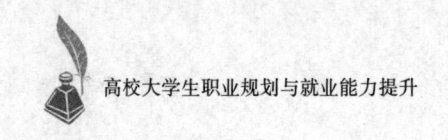

致力于职业目标的实现，获得事业上的成功。之后，也可以凭借自己丰富的工作经验和智慧探索新的职业机会，尝试进行二次职业开发。

目标决定成功。要将自己的职业目标与人生目标有机地结合起来，并在个人发展（健康与能力）、事业经济（理财与事业）、兴趣爱好（休闲与心灵）、和谐关系（家庭与人脉）四个部分八个方面实现协调与平衡，体察生命的真谛，活出精彩的自己。

（2）做好个人职业生涯的计划管理

职业生涯发展计划基本上有三个方向。

①纵向发展，即个人职务等级由低到高的提升。

②横向发展，指在同一层次不同职务之间的调动，如由部门经理调任办公室主任。此种横向发展可以发现个人的最佳发挥点，同时又可以使个人积累各方面的经验，为以后的发展创造更加有利的条件。

③向核心方向发展，这类发展虽然职务没有晋升，但是担负更多的责任，有了更多的机会参加单位各种各样的决策活动等。大学生要明确自己职业生涯发展计划的方向，并为此做好发展的相关准备。

（3）构想个人职业生涯不同阶段的具体任务

职业生涯贯穿人的一生，是一个漫长的过程。科学地将其划分为不同的阶段，明确每个阶段的特征和任务，做好规划，更好地从事自己的职业，对实现确立的人生目标非常重要。

职业生涯发展可以分为早期、中期、后期三个时期。在不同的时期，由于个人生命特征的不同，其所面临的职业生涯发展任务也各不相同，必须把握好不同阶段的发展任务，不断创造生命中闪耀的火花。

在校大学生做好自己的职业生涯管理工作十分重要。就其职业生涯管理的内容而言，学会撰写职业生涯规划书，建立起自己的职业生涯规划档案尤为重要。

2.职业生涯规划书的撰写

作为当代大学生,若是带着茫然踏入这个拥挤的社会,怎能满足社会的需要,使自己占有一席之地?因此,为自己制作一份职业生涯规划,将自己的未来好好地设计一下,只有有了目标才会有动力。

(1)职业生涯规划书的写作程序

①个人基本情况分析和职业倾向定位规划。

个人职业生涯,首先要对个人的基本情况和潜在能力进行全面、客观、真实的测定和评价,这是合理规划职业生涯的前提条件。在自我剖析、自我评定时,既要实事求是,一分为二,看到优势,找出差距,又要以发展的眼光看待自己,充分认识自己的潜能和未来发展的希望。

②社会环境和行业、职业分析。

社会环境对每个人的职业生涯都有重大影响,可通过对社会大环境进行分析,了解所在国家和地区的政治、经济、文化、法治建设的发展方向,寻找各种发展机会。

行业分析是对目前所在行业或将来想从事的目标行业的环境分析,其内容包括行业发展现状,国际、国内重大事件对该行业的影响,目前行业优势与问题,行业发展前景预测等。职业分析则是人们需要认清所选定的职业在社会环境中的发展过程和目前的社会地位,以及社会发展趋势对职业的影响。因此,进行职业生涯规划,必须对所选定的职业有深刻的认识,这样才能根据个人实力和社会发展趋势,坚定职业长期方向,明确职业具体目标。

③职业生涯目标设定。

目标设定是基于自我认识和对社会环境及现有行业、职业分析,对自己未来职业生涯设定明确方向和目标。总之,一个人在选择职业主攻目标时，必须考虑自己的主、客观因素，即个人的文化基础、智力水平、兴趣爱好、职业或所学专业状况、自身素质、时间的充分程度、社会的需要、时代的客观环境、单位和家庭的微观环境。权衡利弊、得失之后，确定长期目标、中期目标和短期目标，宏观目标和微观目标，从而把握个人发展的方向。

④确定实现职业生涯目标的策略和措施。

首先，要找出个人在思想观念、知识水平与结构、心理素质与能力等与目标之间的差距。其次，根据这些差距，采取相应的措施和行动，如提升个人对组织的价值，进一步展示和证明自己的实力，提高人际交往能力；参加教育和培训，获取未来目标成功所需的知识与技能等。最后，编写职业生涯规划书，明确实施步骤和时间。

⑤及时反馈与修正职业生涯规划。

事物都是在运动变化中的。由于在确定职业生涯规划时，人们对自身和外部环境了解有限，最初确定的目标也可能比较模糊，甚至有错。随着时间的推移、规划者认识的提高、自身及外部环境的变化，经过一段时间后，人们应不断总结经验教训，重新评估职业生涯规划，并根据具体情况，对其进行修正，纠正规划目标与现实目标的偏差，使之更加有效，以增强规划者实现职业目标的信心和决心。

（2）职业生涯规划书撰写的基本要求

①资料翔实，步骤齐全。

收集资料有多种途径，可以通过访谈，从报刊、图书中摘抄，从网上下载等方式获取资料，要尽可能注明资料的出处，并多运用图表数据来说明问题，以提高资料来源的可信度和说服力。步骤主要分为四步：第一步，分析需求、条件，设定目标；第二步，分析阻碍，进行可行性研究；第三步，设计方案和提升（改变）计划；第四步，制订详细的实施计划和措施。

②论证有据，分析到位。

要了解有关的测评理论及知识，认真审视并思考自己的测评报告，并对照自我认识与测评结果，分析与测评结果形成差距的原因，从而确定自我评估结果，达到"知己"；要厘清自己所处的地理环境（包括居住的地方、喜欢的地方、亲朋的意见等），明确自己最感兴趣的事、最喜欢与之共事的人、最重视的价值与目标、最喜欢的工作条件，再通过目前环境评估（社会影响、家庭影响、学校因素、就业形势等）和当前社会环境分析（组织环境分析、技术的发展、经济的兴衰、政策法规的影响等）来确定自己的职业方向，做到有理有据，层层深入。

③言简意赅、结构紧凑、重点突出、逻辑严密。

语言朴实简洁，用词精练准确，行文流畅，条理清楚，这是最基本的写作要求。撰写职业生涯规划书时还应密切注意整篇文章的结构和重心。职业生涯规划书一般包含对职业规划的认识、对自我的剖析、对所学专业的认识、对职业方向的探索、确定目标并制订计划五个方面的内容。在对这些内容进行分析阐述时，必须紧紧围绕职业目标这条主线来展开，从而体现文章论述的逻辑性和连贯性。要将重点放在自我评估、环境评估、目标实施上。职业生涯规划是自己将来的规划，这个规划只有建立在对自我和职业充分认识的基础上，才能体现出它的科学性和可行性。

④目标明确，合理适中。

撰写职业生涯规划书应围绕论述的中心展开，职业生涯目标不能过于理想化，应"择己所爱""择己所长""择世所需""择己所利"。职业生涯规划书撰写得是否成功，在很大程度上取决于有无正确、适当、切实可行的目标。

⑤分解合理，组合科学，措施具体。

目标分解、实现路径选择要有理论依据，要注意时间上的并进、连续，功能上的因果、家庭生活、个人事务等方面。而且备用路径之间要有

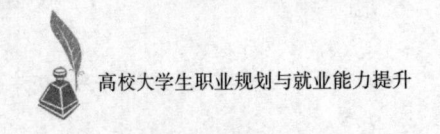

内在联系性。目标组合互补作用，全方位的组合要涵盖职业生涯、家庭生活、个人事务等方面。

（3）大学生职业生涯规划书的基本格式

①表格式。这种格式的规划书为不完整的职业生涯规划书。常常仅含最简单的目标、分段实现时间、职业机会评估和发展策略等几个项目，有的只相当于一份完整的职业生涯规划书的计划实施方案表，适合作为日常警示使用。

②条列式。这种格式的规划书具有职业生涯规划的主要内容，多作简单表述，没有详细的材料分析和评估。文章精练，但逻辑性和说理性不强。

③复合式。复合式是表格式与条例式的综合。

④论文格式。一份优秀的论文格式的职业生涯规划书能够对一个人职业生涯规划进行全面分析和阐述，是最完整的职业生涯规划书。

（4）大学生职业生涯规划书的基本内容

职业生涯规划书是对职业生涯规划的书面化呈现，不仅能呈现大学生的宏观职业生涯规划，还能对具体的学习和工作起到指导及鞭策作用。大学生职业生涯规划书的基本内容主要有以下九方面。

①扉页：包括题目、目录、姓名及基本情况介绍、规划年限、起止日期等。

②职业方向及目标总体描述。

③自我分析：家庭因素、学校因素、自身条件及性格、潜力等的测评结果。

④职业环境分析：包括对政治环境、经济环境、法律环境、职业环境的分析。

⑤角色及其建议：记录对自己职业生涯影响最大的一些人的建议。

⑥目标定位以及目标的分解和组合：发展策略、发展路径。

⑦差距：自身现实状况与要实现的目标之间的差距。

⑧缩小差距的方法及实施的计划和方案。

⑨评估调整预测：评估的内容、评估的时间、规划调整的原则。

第五章　大学生的就业形势与政策

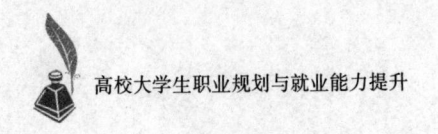

第一节　大学生的就业形势

近年来随着社会转型速度的不断加快，在政治、经济、社会以及文化观念等方面都出现了一系列的新变化，再加上高等院校不断扩招，毕业生数量急剧增加，每年都有几百万毕业生走向市场，这就使就业问题变得更加复杂、突出和紧迫。

1. 近年来大学生就业形势的主要表现

（1）国内外经济增速趋缓，将对就业产生一定影响

中国经济整体仍处下滑周期中，经济发展速度的放缓和结构的调整，客观上会对劳动者就业结构产生影响，同时也会对就业总体规模产生挤压效应，对劳动者就业产生影响。尤其是传统支柱产业企业改革的重组加快、淘汰落后产能、部分行业持续低迷及产能过剩将造成结构性失业和转型性失业，使就业难度加大。国际经济发展形势仍然不确定，风险和变数依旧较多，欧美主要经济体面临着财政紧缩、主权债务风险上升等诸多问题，新兴经济体面临着经济结构调整、出口下滑等问题，世界经济艰难复

苏，影响着出口型经济及就业的发展。

（2）市场预期和企业转型升级对就业的影响依然较大

一是企业转型升级的步伐缓慢。一些中小企业、民营企业技术创新的能力还比较薄弱，产品结构转型的步伐比较缓慢，受国内外市场竞争、产品技术含量、附加值等因素的影响，企业不得已实施低价竞争策略，部分企业过分控制人工成本，支付给员工的工资待遇偏低，导致员工流失。二是部分企业对近期的生产形势不够乐观，裁员频繁，急于消解成本压力，这在一定程度上伤害了员工对企业的感情。三是部分企业的社会责任感比较欠缺，长期沿袭的"需要就招工、不需要就解雇走人"的用工模式伤害了劳动者的感情，让他们没有安全感和稳定感。

（3）社会对创新型高技能复合型人才的需求日益迫切

目前我国中高层次的人才严重短缺，社会对高层次的复合型、外向型和开拓型人才的需求日益迫切，呈现对人才结构的需求层次重心上移的趋势。

（4）毕业生的就业期望值居高不下仍然是目前高校毕业生就业工作中的主要难题

毕业生们普遍感到"找不到理想的单位"，而同时有许多基层一线的用人单位急需人才但又招聘不到毕业生，这就反映出毕业生求高薪、求舒适、求名气的心态仍较普遍，目前毕业生中以事业发展为重的并不占多数，而是普遍希望能到那些大城市、大机关、大公司、大企业等大单位工作，希望能去的单位名声好、工作条件好、生活待遇好、有出国机会，甚至离家比较近等。大多数毕业生想留在大城市、沿海开放城市工作，然而目前实际最需要毕业生的却恰恰是那些边远地区、中小城市、艰苦行业的基层一线中小型单位，这些地区和单位人才奇缺，非常希望能接收到大学毕业生，但年年要人年年要不到人，没有多少毕业生愿意到这些地方去，分配去的毕业生也容易流失，叫作"要不到、分不来、用不上、留不住"。这样造成毕业生为一个较优越的职位竞争激烈，从而使不少毕业生错过择业良机。

（5）毕业生的能力素质与用人单位的要求存在较大差距

现在用人单位对高校毕业生的敬业精神、职业道德、思想道德觉悟和能力素质水平都提出了越来越高的要求，看重"人品"和能力，对专业反而越看越淡。不少单位已经开始对接收毕业生持"宁缺毋滥"的态度。因此，学生干部和学生党员以及那些综合素质好、动手能力强、敬业精神好以及有各种特长的毕业生越来越受欢迎。高等学校毕业生的就业形势是十分严峻的，即将进入就业市场的大学生应对此有足够的思想准备。

2. 大学毕业生就业主要特点

（1）类型特征鲜明，技术类普遍抢手，文科类竞争激烈。

（2）整体走势明朗，非国有制企业成为就业主要渠道。就业渠道多元化，毕业生不再紧紧盯着行政事业单位、国有大中型企业，能面向民营企业、个体企业，甚至部分同学开始自主创业。

（3）社会认可双证，持证上岗，就业不愁。

（4）难度逐渐缓解，就业方式丰富多样。如通过招聘会上求职、自主创业、基层项目、应征入伍等方式就业。

（5）产学途径逐渐畅通，订单培养渐成强势。

（6）人才市场趋于理智，需求方主动降低门槛。

（7）观念得以改变，眼界放宽去就业。就业观念不断更新，"自主择业"思想逐步树立，能主动走向市场，进行自我推销。

3. 大学毕业生就业难的主要原因

毕业生就业形势严峻，不可简单地归结为"供大于求"，还包括社会供求矛盾、结构矛盾、人事体制矛盾、学生自身矛盾等诸多因素。

第一，高校扩招带来就业市场变化，即由卖方市场转为买方市场。

第二，政府机构和企业改革（精简机构、减员增效）使传统就业主渠道吸纳能力下降。

第三，一些学校在扩招的同时，存在盲目追求热门专业现象，专业趋同现象严重，毕业生供大于求。

第四，从就业意向看，绝大多数毕业生愿意到大城市、大公司及能挣大钱的地方，不愿去条件艰苦的老少边穷地区和乡村。就业的新特点：沿海城市用人单位需求量大，学生不愿到沿海就业，内地需求逐年增加。

第五，体制内就业途径不畅通。各城市街道、社区建设需要大量专门人才，但高职、高专毕业生很难进入体制内就业，根本原因在于政府部门的编制及用人制度的问题。

第六，近年来我国新成长劳动力规模庞大，给劳动力市场造成巨大压力。随着我国经济体制的转型和经济结构的调整，农村剩余劳动力加快向城市和非农业产业转移，机关事业单位进行机构改革和人员精简，加剧了城市劳动市场的紧张状况，使大学生面临一个不宽松的劳动力市场，从而对大学生就业带来影响。

4. 面对严峻就业形势，应采取的措施

（1）主动联系老师，与学校经常沟通；

（2）了解时事，了解社会发展动态；

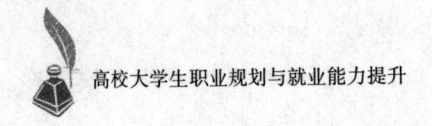

（3）收集社会需求信息，通过网络查询岗位需求；

（4）积极参加招聘会、人才洽谈会；

（5）与同学多沟通，间接获取就业信息；

（6）稳定心态，调整求职期望值，先就业再择业。

第二节 大学生就业政策

1. 国家就业政策对大学生就业的影响

"十三五"期间继续把高校毕业生就业放在就业工作的首位，鼓励中小企业吸纳高校毕业生就业；鼓励引导高校毕业生面向基层、中西部地区以及民族地区、贫困地区和艰苦的边远地区就业，落实各项扶持政策；鼓励高校毕业生自主创业。

（1）市场机制对就业的影响

①市场就业制度。

大学生就业市场是为了适应社会主义市场经济发展的需要而建立起来的，专门为高校毕业生求职择业和用人单位挑选毕业生提供服务的场所；是毕业生和用人单位在自愿的基础上，通过双向选择进行洽谈和签约的重要形式；根据岗位要求和学生素质挑选录用。

②市场机制下的职业流动。

在市场配置人力资源基础上,职业流动日趋正常化。

(2)国家的宏观调控

在积极发挥市场对人才的基础性配置作用的同时,国家也在积极承担促进就业的责任,从宏观上对人才市场进行调控,使社会和谐发展。

(3)劳动者自主择业

在市场经济条件下,大学生也是劳动力,就业也应该遵守市场规律。

2.促进高校毕业生多渠道就业的相关政策

(1)倡导和鼓励高校毕业生到国家基层地方就业拓宽渠道、完善制度,大力引导毕业生到基层就业,围绕基层、面向广大人民群众的公共服务、社会管理、生产服务、生活服务等领域,下大力气开发适合高校毕业生就业的基层社会管理和公共服务岗位,倡导高校毕业生到基层就业。鼓励高校毕业生积极参加社会主义新农村建设、城市社区建设。

①对到农村基层和城市社区从事社会管理和公共服务工作的高校毕业生,符合公益性岗位就业条件并在公益性岗位就业的,按照国家现行促进就业政策的规定,给予社会保险补贴和公益性岗位补贴,所需资金从就业专项资金列支;对到农村基层和城市社区其他社会管理和公共服务岗位就业的,给予薪酬或生活补贴,所需资金按现行渠道解决,同时按规定参加有关社会保险。

②对到中西部地区和艰苦边远地区县以下农村基层单位就业,并履行一定服务期限的高校毕业生,按规定实施相应的学费补偿和助学贷款代偿。对具有基层工作经历的高校毕业生,在研究生招录和事业单位选聘时

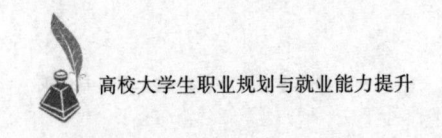

实行优先，在地市级以上党政机关考录公务员时也要进一步扩大招考录用的比例。

继续完善和实施面向基层就业的专门项目，扩大项目范围。加强组织领导，省级人民政府负责做好各类基层就业项目之间的政策衔接。

③2009年，中央有关部门继续组织实施"选聘高校毕业生到村任职"、"三支一扶"（支教、支农、支医和扶贫）、"大学生志愿服务西部计划"、"农村义务教育阶段学校教师特设岗位计划"等项目，各地也要因地制宜开展地方项目，鼓励和引导更多的高校毕业生报名参加。鼓励高校毕业生在项目结束后留在当地就业，今后相对应的自然减员空岗全部聘用服务期满的高校毕业生。对参加项目的高校毕业生给予生活补贴，所需资金按现行资金渠道解决，同时按规定参加有关社会保险。各专门项目相关待遇政策的衔接办法，由人力资源和社会保障部、财政部、教育部、中央组织部、共青团中央等有关部门另行研究制定。

（2）鼓励大学毕业生应征入伍

为积极鼓励高校毕业生应征入伍服义务兵役，教育部、财政部、公安部等部门以空前力度出台八方面的政策，鼓励更多有志青年投身军营报效祖国。

①鼓励大学毕业生应征入伍的政策。

对应届高校毕业生实行预征制度，在5—6月进行；高校毕业生应征入伍服义务兵役，将由政府补偿相应学费，代偿助学贷款；服义务兵役期间在选取士官、考军校、安排到技术岗位等方面优先；具有普通高等学校本科以上学历、取得相应学位、表现优秀、符合部队有关规定的可以直接选拔为军官；退役后参加政法院校为基层公检法定向岗位招生考试时，优先录取；具有高职（高专）学历的，退役后免试入读成人本科，或经过一定考核，入读普通本科；退役后报考硕士研究生，初试总分加10分；荣立二等功及以上的，退役后推荐免试攻读硕士研究生，退役后可根据需要参照应届高校毕业生办理就业报到手续。

②优惠政策的亮点。

第一，高校毕业生应征入伍相当于免费上大学。国家为应征入伍服义务兵役的高校毕业生补偿相应学费，代偿助学贷款。此次的代偿对象范围广泛，包括应征入伍服义务兵役的中央部门和地方所属全日制公办普通高等学校、民办普通高等学校和独立学院的应届全日制普通本、专科（含高职）毕业生、毕业研究生、第二学士学位毕业生；高校毕业生入伍之初就可一次性获得每人最多2万～4万元的学费补偿或助学贷款代偿，全部由中央财政拨付。

第二，高校毕业生参加预征不影响其就业。国家制定的预征政策充分尊重和保护毕业生自主择业的权利，即参加预征的毕业生经过体检、政审被确定为预征对象后，仍然可以选择就业；对于离校时户籍已迁回原籍但未能入伍的高校毕业生预征对象，如落实了新的就业单位，可根据有关规定，向原就读学校申请办理就业改派手续，毕业生就业地公安部门凭毕业生所持的"全国普通高等学校毕业生就业报到证"为其办理户口迁移手续。直辖市按照有关规定执行。

第三，高校毕业生服役期满择业可参照应届高校毕业生办理就业和户档迁转手续。入伍高校毕业生退出现役后，可参照高等学校应届毕业生，凭用人单位录（聘）用手续，向原就读高校再次申请办理就业报到证并办理户档迁转手续。申请办理就业报到证的期限从退出现役当年的12月1日起至次年12月31日止。

第四，高校毕业生服役期满享受更多升学优惠。目前，教育部已经制定了服义务兵役的普通高职（高专）毕业生退役后升入本科学习的实施方案。服义务兵役的普通高职（高专）毕业生退役后，可持相关证件，按户口或工作所在地省级成人高校招生办公室的规定申请免试进入成人高等学历教育高校专科起点升本科学习，或者按户口所在地省级招生考试机构或相应机构的规定报考普通高校专科起点升本科，并享受招生计划单列、单独划线、按计划数录取的优惠政策。

（3）鼓励骨干企业和科研项目单位积极吸纳和稳定高校毕业生就业

为提高骨干企业人力资源质量和科研项目质量，充分发挥高新技术开发区、经济技术开发区和高科技企业集中吸纳高校毕业生就业的作用，加强人才培养使用和储备。对于有技术专长的优秀高校毕业生，要采取相应的鼓励政策。

2009年2月9日，《关于加强普通高等学校毕业生就业工作的通知》国办发〔2009〕3号提出以下三项措施。

①鼓励企业更多吸纳高校毕业生。国有大中型企业特别是创新型企业要更多地吸纳有技术专长的毕业生。高新技术开发区、经济技术开发区和高科技企业要集中吸纳高校毕业生。高校毕业生掌握现代化知识和技术，符合这类单位的用人需求，因此《关于加强普通高等学校毕业生就业工作的通知》提出要鼓励吸纳以加强人才培养使用和储备。各地、各有关部门要根据实际情况制定具体的鼓励措施。

②鼓励困难企业更多保留高校毕业生。各地在实施支持困难企业稳定员工队伍的工作中，要引导企业不裁员或少裁员，更多地保留高校毕业生技术骨干。在当前应对国际金融危机实施企业减负稳岗措施中，支持困难企业更多地保留大学生技术骨干，按规定给予社会保险补贴、岗位补贴或职业培训补贴。人力资源和社会保障部、财政部、国家税务总局《关于采取积极

措施减轻企业负担稳定就业局势有关问题的通知》对此项政策有具体规定。

③鼓励科研项目聘用高校毕业生，由高校、科研机构和企业所承担的民用科技重大专项、"973"计划、"863"计划、科技支撑计划项目及国家自然科学基金会的重大重点项目等，可以聘用高校毕业生作为研究助理或辅助人员参与研究工作，除此之外的其他项目，承担研究的单位也可聘用。承担国家和地方重大科研项目的单位要积极聘用优秀毕业生参与研究。参与项目期间给予其劳务性费用和有关社会保险费补助，由项目经费列支；参与项目期间，毕业生户口、档案可存放在项目单位所在地人才交流机构；聘用期满，可续聘或到其他岗位就业，聘用期间工龄、社会保险缴费年限连续计算。

高校毕业生参与科研项目，既可以促进科研的发展，又可以延长毕业生学习和研究时间，对缓解当前就业压力有积极作用。

（4）鼓励高校毕业生到中小企业和非公有制企业就业，各类中小企业和非公有制企业是高校毕业生就业的主要渠道

要进一步清理影响高校毕业生就业的制度性障碍和限制，为他们提供档案管理、人事代理、社会保险办理和接续、职称评定及权益保障等方面的服务，形成有利于高校毕业生到企业就业的社会环境。对企业招用非本地户籍的普通高校专科以上毕业生，各地城市应取消落户限制（直辖市按有关规定执行）。企业招用符合条件的高校毕业生，可按规定享受相关就业扶持政策。劳动密集型小企业招用登记失业高校毕业生等城镇登记失业人员达到规定比例的，可按规定享受最高为200万元的小额担保贷款扶持。

（5）鼓励高校毕业生自主创业

面对日新月异的世界，各种因素、各种动力都在吸引和推动着大学生

的自主创业。大学生是敢于幻想、敢于向往的新时代的生力军，是富有激情同时又敢于超越的一代。虽然大学生创业之初大多数没有精深的专业知识，然而他们有着明确的奋斗目标、积极的创新意识、潜在的创业潜能、务实的创业精神，并在创业过程中不断补充、更新、完善自己的知识和才能，最终会为社会做出贡献，也为自己赢得令社会瞩目的成绩。

①国家出台鼓励高校毕业生自主创业一系列的政策。

第一，企业注册登记方面：程序简化。凡高校毕业生（毕业后2年内）申请从事个体经营或申办私营企业的，可以通过各级市场监管部门注册大厅"绿色通道"优先登记注册。其经营范围除国家限制的行业（包括建筑业、娱乐业及广告业、桑拿、按摩、网吧、氧吧等）外，一律开放核准经营。而且凡申请设立有限责任公司，以高校毕业生的人力资本、智力成果、工业产权、非专利技术等无形资产作为投资的，允许抵充40％的注册资本。同时，减免各类费用，自市场监管部门批准其经营之日起，1年内免交登记类和管理类的各项行政事业性收费。

第二，金融信贷方面：享受优先贷款支持，适当发放信用贷款。尤其是对于能提供有效抵（质）押或优质客户担保的，金融机构优先给予信贷支持。同时，视贷款风险度的不同，在法定贷款利率基础上可适当下浮或减少上浮。

第三，税收缴纳方面：自市场监管部门批准其经营之日起1年内免缴税务登记证工本费。新办的城镇劳动就业服务企业（国家限制的行业除外），当年安置待业人员（含已办理失业登记的高校毕业生）超过企业从业人员总数60％的，经主管税务机关批准，可免纳所得税3年。

第四，企业运营方面：员工聘请和培训享受减免费优惠，政府人事行政部门所属的人才中介服务机构免费为其保管人事档案（包括代办社保、职称、档案工资有关手续）2年。同时社会保险参保有单独渠道。

②各省份为了扶持当地大学生创业出台的相关政策法规。

第一，加强创业教育和培训，提高创业意识。各高校要开设相关课程对大学生进行创业教育，加强创业教育师资队伍和教材建设。鼓励和支撑大学生参加创业培训，落实创业培训补贴政策。勉励和支持有条件的地区和高校举行大学生创业大赛等活动，并与有关风险投资基金等结合，推进高校毕业生创业。强化创业服务。将大学生创业工作纳进各地创业带动就业工作总体计划，履行创业培训、项目开发、小额担保贷款等一体化运作和服务。充分应用大学科技园、经济技术开发区、高新技术开发区、产业园区等资源，建设完善创业实习基地及孵化基地。

第二，完善创业扶持政策。对高校毕业生初创企业，可按照行业特色，公平设置资金、职员等准入条件，并容许注册资金分期到位。许可高校毕业生依照法律法规规定的条件、程序和合同，商定将家庭住所、租借房、临时贸易用房等作为创业经营场所。对应届及毕业2年以内的高校毕业生从事个体经营的，自其在市场监管部门首次注册登记之日起3年内，免收登记类和证照类等有关行政事业性收费；登记求职的高校毕业生从事个体经营，自筹资金不足的，可按规定申请小额担保贷款，从事微利项目，可按规定享受贴息扶持；对合伙经营和组织起来就业的，贷款范围可恰当扩展。完善整合就业税收优惠政策，勉励高校毕业生自主创业。

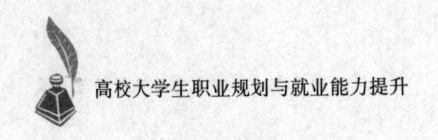

第三节　大学生就业程序与途径

1. 大学生就业的主要方式

自从实行"自主择业，双向选择"的就业体制以来，高校毕业生形成了多种多样的就业方式：报考公务员、国有企业事业单位、民营企业、外资企业、自主创业、参军、升学、出国。

2. 大学生就业市场类型

就业市场是在市场经济条件下人力资源的配置市场，是按市场运行规律对人力资源进行配置的机制。随着就业体制的改革，按照"宏观控制、供需见面、双向选择、择优录用"原则，越来越多的高校毕业生进入市场就业。形成了劳动力市场、人才市场和大学生就业市场三大市场并存的局面。

依据其外在的表现，可以将大学生就业市场分为两类：有形市场和无形市场。

（1）有形市场

有形市场是指有固定的场所、具体的时间和地点，有形市场的主要形式如下：

一是高校组织的毕业生与用人单位"双选会"；

二是各地政府组织的毕业生与用人单位"双选会"；

三是分学科就业市场，主要是就业主管部门从学校和单位双方考虑，通过细化市场来提高双向选择的签约率；

四是区域性就业市场，各地政府和教育主管部门举办的为本地高校毕业生和本地用人单位服务的市场；

五是分层次市场，根据毕业生层次分别举办研究生、本科生和高职专科生就业市场；

六是行业性就业市场，是有关部门（如行业协会等）为本系统、本行业高校毕业生和用人单位举办的市场；

七是企业性就业市场，是大型企业和企业集团为招聘毕业生而专门举办的市场；

八是国际性就业市场，是随着全球化的发展，国外企业招聘国内高校毕业生、国内企业招聘国外留学生或驻外机构人员的市场；

九是其他特殊就业市场，如政府公招计划、特殊项目（"三支一扶"、教师特岗计划、西部计划等）就业、自主创业、灵活就业等。

（2）无形市场

无形市场是指不受时间和空间的限制，毕业生按照自身择业意向来挑选工作单位的形式。这种市场一般没有具体的时间和地点、没有固定的场地，也没有一定的参加对象，但其存在是客观的，并且发挥着越来越大的作用。

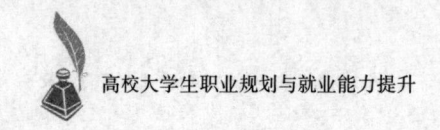

无形市场的主要表现形式是网络市场，如各级教育主管部门建立的"高校毕业生就业信息网"、各类高校建立的"毕业生就业网"以及其他的"人才招聘网""求职网"等。

如国家大学生就业服务平台（http://www.ncss.cn）

中国人事考试网（http://www.cpta.com.cn）

大学生志愿服务西部计划（http://xibu.youth.cn）

中国劳动力市场网（http://www.lm.gov.cn）

人事部人才市场公共信息网（http://www.char.gov.cn）

中国教育网（http://www.chinaedunet.com）

应届生求职网（http://www.yingjiesheng.com）

中华英才网校园招聘（http://www.campus.chinahr.com）

前程无忧（http://mkt.51job.com）

智联招聘（http://m.zhaopin.com）等网络平台。

第六章　大学生就业准备

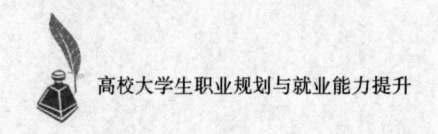

就业是每一个大学生面临的共同课题，大学生就业是否合理，不仅影响其专业技能的发挥乃至日后事业基础的奠定，同时是人生历程的一个重要转折。在就业过程中，每一个学生不可避免地会遇到各种外在的客观障碍和内在的就业心理问题，必须正视并有效解决这些问题，进行充分的心理准备，转变就业观念，树立积极的就业意识，做好职业定位和职业生涯规划。

第一节 心理准备

1. 大学生就业常见的心理问题

（1）心态失衡

伴随着改革开放的不断深入，开启了社会主义现代化建设的新征程，毕业生在对就业单位的认识和了解等方面，在观念上、在思想上都应紧跟时代的步伐。但也有为数不少的毕业生在选择职业时，立足点上没有主动适应职业需要的观念和以后的发展理念，而是寄希望于在短期内实现自己的期望，在认识上陷入误区。这将导致陈旧的就业观念与混淆的价值取向并存。如学旅游管理专业的学生有不愿意伺候人和青春饭能吃多久的思想，而不选择服务性工作；也有人有短期内快速挣钱的短期行为心理；学建筑的，希图来钱快而不愿从基础工作做起。从而使部分毕业生无法面对就业时的挫折和压力，进而导致心态变化。逐渐演变为心理失衡。

（2）焦虑与烦躁并存

拥有焦虑心理的人总是消极看待事物，同时又追求一线希望。其实这是一种焦虑不安的心理状态。面对就业竞争日趋激烈的现状，面对几次求职的失败，面对自己的未来发展，部分大学生难免会产生焦虑与烦躁情绪，这种情绪如果得不到有效的调控，则会直接影响毕业生的就业心态，结果会在求职时发生各种各样的问题。显然，焦虑与烦躁也是形成就业心理压力的重要因素。

（3）恐慌与自卑并存

自卑是由于某些客观因素的存在而导致个人轻视自己的一种消极心理状态。在应聘时，有人不能准确估计自己的能力，有人缺乏应有的自信，还有人对自己持一种怀疑的态度，自卑与恐慌心理由此而生。特别是高职大专生，无论在学历层次上，还是在学识能力上，总是拿自己的短处去和别人的长处相比，不切实际地评价自己。结果导致自己正常的能力和水平得不到有效发挥，在择业过程中处处受挫，错失许多就业良机。

（4）脱离客观实际的目标定位

有一部分毕业生，拥有所学专业比较热门、自己学习成绩比较理想、自身个人形象气质俱佳等有利条件，还有一部分毕业生有急于回报家庭投资的心理，使这些毕业生不能客观地进行目标定位，挑剔用人单位的工资、奖金、福利等方面。结果是屡次应聘，屡次拒聘，大好的就业机会被这种心态浪费殆尽。尤其当平时在各方面不如自己的同学找到理想的职业时，心理上更严重失衡，急于求成、好高骛远的不良心理状态，进一步加大了就业心理压力。

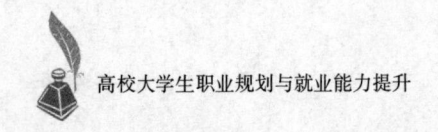

2. 健康的就业心理素质表现

就业心理素质是个体所拥有的对择业活动有重要影响的心理品质的总和。健康的就业心理素质主要表现如下。

（1）良好的就业认知

就业认知是指人们获取就业信息和运用就业信息的心理活动，包括社会认知和自我认知。社会认知主要指毕业生能够主动了解就业形势，了解社会职业状况，了解用人单位的具体情况，及时准确地掌控就业信息，以此为据做出就业决策。自我认知主要指毕业生应该具有客观准确的自我观察、自我认可、自我评价、自我剖析、自我鉴定的能力，一方面要了解自己的性格特点、兴趣爱好、综合能力；另一方面要结合社会认知，顺应实际地调整自己的就业心态、目标定位和就业期望值。

（2）健康的情绪

情绪是个体对外界事物认知的主观体验。积极健康的情绪能够有效地促进认知的发展，消极不良的情绪会阻碍认知的发展。在择业过程中毕业生要善于调节自己的情绪，一方面要客观实际地表达自己积极健康的情绪，另一方面要学会通过适当的方式发泄自己消极不良的情绪。从而做到成功不狂喜、失败不气馁，善于控制和管理自己的情绪，保持良好的心理状态。

（3）良好的意志品质

意志是个体有意识地实现预定目标的心理过程；意志是个人主观能动性的集中体现；意志是个人取得事业成功必备的心理条件。目标明确合理、善于自觉自律、做事坚韧果断、勤于分析与自我控制等这些是坚定意志的表现。拥有坚定意志的人既有坚定地实现自我目标的意志力，又有克制干扰目标的积极情绪和行为；还有抗拒通向目标过程中的挫折能力，而这些能力并不是与生俱来的，而是实践检验与锻炼的结果。提高意志力可以使毕业生意志更加坚强，人格更加成熟，面对就业和创业的挑战更加从容。

（4）完善和谐的人格

心理健康的标志之一就是人格完整、和谐、统一，人格完善的人无论是能力、性格和实现，还是动机、兴趣和人生观都是平衡发展的。成熟健康的人格表现在毕业生择业时能够互相帮助，保持和谐的人际沟通，及时共享就业信息，共同解决就业中遇到的各种问题，进而完成共同就业的目标。

（5）良好的环境适应能力

拥有良好的适应能力可让毕业生在择业过程中直面就业现实并接受现实，同时主动地去适应现实，还可以通过实践和认知去改变现实。良好的环境适应能力，可以使人在情感上减少依赖心理；善于在不同环境下培养自己的兴趣和事业的生长点；能够正确看待现实，与社会建立起融洽的和谐关系；能够把自己置身于社会之中尽享心理生活的充实。适应环境、正视现实这是毕业生择业的一个健康的心理特征。

3. 思考与对策

（1）正确择业观的树立

择业观是毕业生对择业目标和意义的看法和态度。正确择业观是要以社会的需要为前提，要以社会的利益为根本；而不是从个人利益出发，把就业仅仅看作谋生的手段。树立正确的择业观就是要正确处理社会需要、人民需要与个人价值的关系；就是要准确把握个人价值的实现与社会利益的有机结合；就是要明确择业是谋生与为社会服务的相辅相成；就是要牢

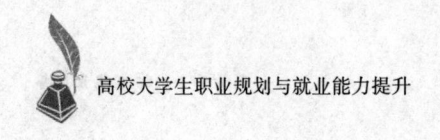

记就业是手段和工具，而不是最直接的目的。

（2）良好择业心境的保持

择业竞争实质上就是心理素质的竞争，面对越来越严峻的就业形势，面对来自家庭、社会等各方面的压力，大学生择业时难免会出现不良的心理，甚至会产生严重的心理障碍。良好择业心境的保持此时便显得尤为重要，如果能做到理性地看待竞争；客观地分析形势；坦然地应对挫折与困难，就能以积极向上的态度消除障碍。因此，要想培养健康的就业心理，肯定离不开良好择业心境的保持。

（3）恰当择业角色的确立

大学生在择业时能客观地认识自己，能准确地摆正自己的位置，能切合实际地进行职业选择，是恰当择业角色确立的基本标志。只有客观冷静地分析自己的优势和劣势；只有充分准确地认识自己的个性气质；只有有的放矢地了解自己的兴趣爱好，才能找准自己与社会的结合点，进而更好地完成自己的目标定位。只有这样，才能在择业时既不盲目清高，也不自暴自弃；才能在适应社会的同时，充分地展示自己的才华。

（4）择业期望值的调整与合理择业目标的确定

实事求是地讲，每个人都能找到自己理想又满意的工作是不现实的，现实与期望总是有距离的。如果你的期望值过高；如果你的择业角色确立得不准确，那你一定会走入择业误区，择业时处处碰壁，就业后陷入困境。因此，大学生必须针对自己的实际情况，不断地调整自己的择业期望值，确定合理的择业目标，这样才能在现实的努力中去实现自己的远大理想，脚踏实地做好本职工作，才能在实际工作中既满足社会的需要，又有利于自己的成才，还能促进个人的全面发展。

（5）择业自信心的增强

自信是精神面貌的体现；自信是个人前进的发动机；自信是走向成功的秘密武器。一个拥有十足自信心的人既能影响用人单位对你的第一印象，又能决定着你择业的成败。可想而知，一个人如果精神萎靡不振、做事缩手缩脚、行动犹豫不决，那他怎么可能去征服别人，实现择业的成功呢？然而，自信并不是盲目地清高自大，也不是不切实际地自负自傲；而是要建立在良好的个人素质和雄厚的个人能力基础上。所以，大学生要对照社会需要，不断地充实自己、完善自己、发展自己。

（6）大学生独立性的培养

独立性的培养意味着大学生要有独立的意识，要对自己的行为完全负责。因为大学生一进入社会，便宣告他们已经走向成熟，所以要学会各种生活技能，培养独立生活的能力；要学会适应环境、积极进取、勇于创新，最大限度地发挥自己的创造性；要学会不断完善自己的思想，形成自己的独立见解，在思想上独立；要学会坦然面对成功与失败，充满自信地完成每一个任务，在心理上独立。只有这样，才能在工作、学习和生活中充分展示自己的才华，尽享成功的喜悦，体现自己的个人价值和魅力，实现自己的远大理想。

综上所述，大学生择业时要正确评估自己，使自己适应社会。择业本身就是主观自身条件与客观要求相适应的过程。大学生应当面对现实，对自身条件做出正确估计，做到知己知彼，进退有余。理想与现实是一对矛盾体，处理不当就会产生心理问题。因此，培养健康的择业心理，对其一生都至关重要，要认真分析大学生常见的心理障碍，帮助大学生确定合理的择业目标，顺利实施择业目标，防止心理异常的出现，使其尽快适应职业，尽快适应社会，实现顺利就业。

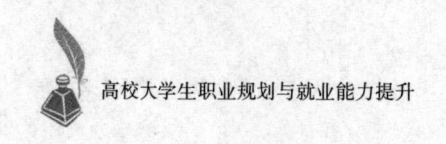

第二节 就业信息获取

就业信息是毕业生求职择业的前提和必备条件，关系到求职择业的成败。在就业形势日益严峻的时代，就业不仅是实力的竞争，也是信息的竞争，作为21世纪的大学毕业生，应当高度重视就业信息的重要性，积极主动地收集就业信息，并认真细致地分析、筛选、整理这些信息，从而进行准确的处理，把握选择的主动权，抓住就业机会，为成功就业奠定基础。

1. 获取就业信息的有效途径

（1）学校就业指导中心

学校就业指导中心每年都会及时向有关劳动和人事部门及用人单位发布征集用人信息，同时也与很多单位建立长期的协作关系，为毕业生提供大量的就业信息。目前，几乎所有的学校都建立了就业指导网站，用人单位的招聘信息就会及时发布，毕业生应该经常登录自己学校的就业指导网站，及时了解招聘信息，选择适合自己的岗位应聘。

另外，自己学校组织的大型校园双选会和专场招聘会是找工作的最佳途径。近年来，用人单位都非常重视校园招聘，可以说高校是可以集中挑选高素质人才的最佳场所，也是最方便、成本最低的引进人才的渠道。用人单位往往是带着对学校以及对该校学生的认可而来的，而且不要求有工作经验。

对毕业生而言，以上两类都是最有效且成功率最高的应聘方式。

（2）招聘会

通过招聘会毕业生可以和用人单位直接见面，推销自己。所以目前成为求职中经常选择的求职途径。据统计，现在大概有20%的成功求职者是通过招聘会获得职业的。但这种形式主要适用于刚刚毕业的大学毕业生或工作职位不太高的白领人士。

招聘会有很多种，像综合招聘会、专场招聘会、行业招聘会、校园招聘会等。所以只有有选择地参加招聘会，效果才会更明显。

学校召开的招聘会也不可以错过。一般学校召开的招聘会，都不会限制外校学生入场。所以聪明的毕业生会及时了解同类学校的校内大型招聘会的时间，做好准备，按时前往，寻找就业机会。正确地选择招聘会，可以降低求职成本，缩短求职周期。

（3）顶岗实习单位

毕业生在顶岗实习、社会实践中可以直接与用人单位接触，不仅有利于开阔视野，学以致用，还可以更清楚地了解用人单位的有关需求，这种信息全面、准确，参加这些实习实践活动是大学生推销自我、赢得单位好感和信任的最佳时机。因此要充分利用寒暑假，课余时间做一些兼职，或到企业顶岗实习，为以后的择业竞争奠定良好的基础。

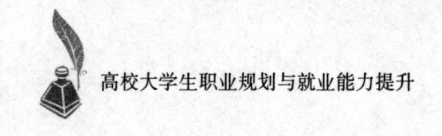

（4）各类人才市场

为更好地落实毕业生的就业单位，一些地区的人才市场每年都会举办规模不等的毕业生供需见面会，在供需见面会上毕业生可以掌握较多的信息。但这类供需见面会通常要求有一定的工作经验或者具有一定社会经验的人才，所以毕业生要多利用节假日做社会实践，这类见面会多集中在秋、冬、春三季。毕业生参加这种招聘会要准备充分，届时可以和用人单位直接见面获取许多就业信息，还可以当场拍板，签订协议，简洁有效。

（5）网络

网络是一种特殊的择业形式，避免了人群大范围集中和近距离接触，给天南海北的求职者提供了平等的表现机会。所以，网络招聘受到了越来越多用人单位和求职者的青睐。现在有很多毕业生是通过网上求职成功就业的，并且这种趋势还将长期持续。

通过网络技术收集就业信息是当前获取信息最丰富、最快捷的渠道之一，一些用人单位通过网络发布就业信息，有些单位在招聘毕业生时要求毕业生必须通过网上投递简历，因此，重视专业人才网站和用人单位网站上发布的信息是十分重要的。但在利用网络资源时，应当提高警惕，加强信息的真伪辨别能力，避免掉进虚假信息的陷阱。

（6）各类大众传媒

报纸、杂志、广播、电视等大众媒体是收集就业信息的重要渠道，一般都会定期或不定期发布招聘信息，便捷、传播范围广、速度快、信息量大、可信度高、省钱省时、选择机会多是其特点。毕业生通过这些媒介，可以很容易就掌握大量就业信息。

（7）亲朋好友

通过家长、亲戚、朋友、老师、同学等渠道来获取就业信息，有时会取得事半功倍的效果。但这有个前提，就是你必须符合该单位该职位的任用条件，或者说完全能胜任工作。

2. 对就业信息的有效筛选

（1）辨识就业信息的真伪

经常有一些求职者去企业面试后才大呼上当。比如，有些求职者在职业介绍中找到自己满意的招聘信息，开好面试单后精心准备。但到了面试单位，有的问上几句话，有的只是让你填上一张表，末了说上一句"等通知"，接下来就是漫长的等待，最终杳无音信。其实这些单位要招聘的岗位并不缺人，只是怕在岗的员工跳槽，故储备一些人员，作为替补。又如，在公益性职业介绍市场发布招聘信息，企业是无须支付任何费用的，所以，有些企业利用这个网络平台免费打广告。有些企业为了长期在网上发布招聘信息，以产生广告效应，把岗位培训有计划地、分批分步地进行流动，夸大招用数量，说是招10人，其实可能只招1人，从而延长招聘时间。像这类招聘信息就是虚假信息。那么求职者该如何辨别这些真真假假、形形色色、令人眼花缭乱的招聘信息呢？怎样才能避免陷入就业信息的陷阱中呢？

① 加强对劳动法规和大学生就业政策的学习。

毕业生在求职前或求职过程中，应主动加强对相关政策法规的学习，提高自己的法律意识，必要时懂得用法律武器保护自己的合法权益。

② 通过正规渠道获取招聘信息。

如前所述，不同渠道获得的就业信息其真实度是不同的，对于那些真实度不高的信息，毕业生一定要擦亮眼睛，仔细辨别。如有些小广告上所称的"某著名企业""某上市公司"等，这些公司对其业务描述含糊其词、遮遮掩掩，连企业名称都不敢公开，其可信度可想而知。

③ 不要缴纳诸如面试费等费用。

凡是遇到要求缴纳由招聘单位收取的某种费用的时候，就要警惕，不合理的费用千万不能交。因为国家劳动部门有明文规定，任何企业在招聘员工的时候，不得以任何理由、任何形式收取求职者押金，或以身份证、毕业证等做抵押。

④ 不要被职位的名称迷惑。

现在有些单位在招聘中将普通的岗位"包装"以华丽时髦的名称，毕业生上岗后才发现，原来所谓的"销售经理"不过是拉广告、跑直销，甚至是陪客户喝酒等。因此，求职者在正式签约前应想方设法加强对企业和应聘岗位的了解。

⑤ 加强自我保护意识，防止个人资料泄露。

在求职过程中，常发生一些毕业生个人资料泄密的情况。如有时会接到莫名其妙的电话，有的人手机上也会出现一些非法的短信息，邮箱里则塞满了垃圾邮件。更有甚者，有的女同学的照片被人放到某些色情网站上。这些都提醒广大毕业生在求职时要注意保护自己的个人资料，以免出现不必要的麻烦。

⑥ 要注意招聘信息的时效性。

在关注招聘信息时，一定要注意公司发布招聘信息的时间和招聘的截止日期。

（2）了解就业信息的具体内容

就业信息的内容十分庞杂，概括起来有以下四种。

① 就业市场人才供应的信息包括当年全国、本地区、本校、本专业毕业生的人数、质量、就业的冷热点等。这些信息使求职者可以从总体上把握

人才的供求状况，做到"知己知彼，百战不殆"。同时，通过各种渠道收集往届毕业生尤其是本专业的上届毕业生的就业情况，对于自己的就业有着十分重要的参考价值。

② 就业的政策信息包括国家的就业政策、对口行业人才需求状况、可选择的就业区域范围、变通性就业行业的状况、相关行业的职业要求和特点等。这些信息可以使求职者在国家就业政策指导下清醒、正确地选择就业门类、就业地区，及时调整自己的就业方向和就业期望值，扩展自己的就业范围。

③ 就业参照信息包括就业的经验和培训、各种实用性强的就业方法和技巧，这类信息不一定和就业目标有直接的联系，但可以使自己明了就业中的种种误区，避免走弯路；掌握一些就业技巧和方法，提高自己的就业成功率。

④ 具体的用人信息指具体的用人单位的需求信息。可以是用人单位在网络、报纸、刊物上刊出的招聘广告，人才市场上的招聘信息，亲友介绍的单位的用人信息等。这些信息直接影响求职者的就业行动。

完整的用人信息一般包括三个方面。

一是关于职业的信息。如职业岗位的名称，岗位数量，职业工作内容、性质或特点，职业的待遇，工作地点和环境，发展前途等。

二是关于应聘条件的信息。如对从业者的知识、能力、年龄、性别、身高、体重、相貌等条件的要求。

三是招聘程序方面的信息。如报名手续、程序等。

具体来讲，单位用人信息主要包括以下要素。

①单位性质和法律地位。

②单位的工作和业务内容，生产项目或主要产品。

③单位知名度和发展前景。

④单位的地理条件、工作环境。

⑤单位的管理体制及其组织机构。

⑥单位的岗位需求、人才结构、规格、分工程度。

⑦单位工作的紧张程度、学习晋升机会。

⑧单位的效益、福利、工资、资金、住房、生活设施等。

（3）对照自己的就业期望

在就业前许多毕业生会有自己的就业期望，如工作是否体面，工资有多高，福利有多好，工作环境是否优越等。但在就业的过程中会发现理想和现实差距太大，这时就要立刻调整自己的就业期望，否则会给自己带来苦恼。

① 了解、接受客观现实，调整自己就业期望。

面对就业的挫折，只有不到一半的同学愿意适当降低就业期望。自主择业、自主创业给大学生带来了机遇，但许多大学生对"市场"残酷的一面认识不足，对于自身所处的就业大环境还抱有幻想。经历过就业的挫折之后，我们应该及时调整心态，明白这种就业情况不可能是一时半会儿就会改变的。与其怨天尤人，不如勇敢地承认和接受当前所面临的现实，切合实际地去重新规划。

② 坦然面对就业挫折，提高心理承受能力。

面对市场竞争、就业压力，毕业生的求职总会遇到许多困难、挫折甚至是委屈，比如，一些专业"热门"，有些则"冷门"；又如，女大学生找工作容易受到歧视等，要提高对各种突发事件的心理承受力。其实，就业的过程也是大学生重新认识自我、认识社会，并主动调整自我适应社会的过程。

③ 充分认识职业价值，树立合理的职业价值观。

大学生就业期望偏高，不仅仅在于工资要求，还在于工作环境、工作地点、福利待遇和职业体面。很多同学认为大学毕业一定要有一份体面的工作，不愿意下工厂，都想做白领。正确看待一个职业乃至一个行业所存在的价值与意义，看看这个职业能否满足自我定位和对理想的追求，而不是一味地去追求别人眼中的光鲜。

④ 努力奋斗，提高自身素质。

很多毕业生在求职过程中才发现自己有很多不足，这时就会后悔，并且很自卑。大学生在吸取学长学姐教训的同时也要树立起信心，有吃苦耐劳的精神，即使是从很小的工作做起，也要不断地学习和充实自己，给自己的成功创造条件。新时期市场经济大环境下的大学生要更加主动地去接触社会、了解社会，才能够更好地制定人生目标。在学习时，要注重培养各方面的能力，提高竞争力，从而在将来的职业上获得成功。相信每一个职业都有其闪光点存在，只要肯努力，就会成就美好的未来。

3.虚假就业信息的识别与求职陷阱的防范

现今，各种招聘陷阱的层出不穷，使得刚毕业的大学生们因担心受骗而不敢出门找工作。无良企业以收取各种名目的费用或以考察为名无偿占用劳动力、编织境外就业的美丽谎言，以及试用期把戏等就业陷阱。

那么，大学生应该如何规避就业陷阱呢？在求职之前一定要清楚了解求职单位的真实背景和性质，求职前最好是通过自己的人脉关系、市场监管部门或者学校就业指导中心等各种渠道核实单位的真实性，确定求职单位的安全性和真实性后再投递简历。

（1）大学生就业陷阱的表现特征

大学生就业陷阱是指招聘单位、其他机构或个人，利用大学生的弱势地位（如社会经验不足、自我保护意识差、就业竞争激烈等），以提供就业机会为诱因，采用违法悖德等手段，与大学生达成权利与义务不对等的各类就业意向（协议），产生侵害大学生合法权益的现象。当前大学生就业陷阱主要表现出四个典型的特征。

第一，欺骗性。主要表现为招聘单位以攻势强劲的虚假宣传，信誓旦旦的不实承诺，热情有加的伪善行为来取得大学生的信任和很高期望，然后在协议中提出苛刻条件，隐藏各种不法目的。

第二，诱惑性。主要表现为招聘单位着力包装，夸大事实，并以单位各种招牌、荣誉、待遇和发展前景蛊惑大学生，一旦大学生被其诱骗上钩，则脸色突变，一副我是流氓我怕谁的架势。

第三，隐蔽性。违法用人单位的各种伎俩都有十分华丽的诱人说辞，听起来入情入理，面面俱到，句句都令人心动，其实处处布下陷阱。涉世不深的大学生十分单纯，难辨真伪，很快成为猎取的对象。

第四，违法性。就业中的违法目的各有不同。一类是违法违规留人才。有些单位为留住人才而扣留大学生的户口、证件等使大学生欲走难行。有些单位软硬兼施，一方面开空头支票；另一方面强迫工作，迫使大学生逐渐接受不公正、不合理的现实。另一类就是坑蒙拐骗，使大学生掉进自己挖下的高薪陷阱、培训陷阱、中介陷阱，甚至诱骗大学生入股、推销、传销等，还有些用人单位给大学生设置了协议陷阱、合同陷阱或试用期陷阱，使大学生掉入陷阱，大学生感到欲罢不能、求助无门。

（2）大学生就业陷阱的主要类型

第一类是招聘陷阱。一是招聘会不合法。有些双选会打着毕业生就业的名义，实质是未经有关主管单位审批。参加双选会的单位也良莠不齐，出工不出力，只为凑数，以便主办单位收取高价门票，参加双选会的人员公费旅游，招聘单位收取一些毕业生的信息。有些招聘单位甚至出卖学生的个人信息，给一些违法之徒有可乘之机。二是变相收费。如有些招聘单位不当场签约，要求通过网络或电话继续洽谈，而这些网络或电话都是收费的；有些招聘单位收取应聘者报名费、资料费或培训费等。三是用招聘掩盖违法行为。有些企业打着招聘的幌子，逼迫毕业生做传销、推销或其他违法的事情。

　　第二类是中介陷阱。一是收取高额的中介费用，为你列出一大堆要么不要人，要么不招收大学生，甚至不存在的单位，使你几次头撞南墙，知难而返，但想要回中介费不可能。二是外地非法中介机构或中介网络，收取一定的费用，却以种种理由推脱责任。有些中介虽然介绍了单位，但用人单位的状况与求职的要求相去甚远，即使如此，工作几个月，往往被炒鱿鱼，理由是试用不合格。三是非法中介机构之间相互串通，以大城市高薪就业落户等名义开展中介，收取不菲的中介费后，介绍到外地中介。外地中介找不法用人单位或私人小企业让大学生打零工，而户口、档案却长期违法滞留，甚至被丢失。

　　第三类是协议陷阱。第一种，口头承诺。口头承诺如果没有在协议书中白纸黑字予以体现，就没有法律约束力。一旦协议主体间发生矛盾，吃亏的一般都是学生。第二种，不平等协议。由于大学生维权意识缺乏，在求职中又处于弱势地位，对不平等条款要么不知要么不敢提出异议，使就业协议在某种程度上成为霸王合同。所以大学生在签订就业协议时，一定要慎防无保障协议、死协议、卖身协议等不平等协议。第三种，就业协议代替了劳动合同。有些用人单位以就业协议替代劳动合同，究其原因，是用人单位在就业协议中的许多约定不符合劳动法规定，如果签订劳动合同，许多不合法约定将不存在，难以实现对大学生的约束，不能达到其违法用工的目的。

第四类是试用期陷阱。一是没有试用期可能暗藏玄机。试用期是劳动合同的约定条款，对双方都有约束力，试用期长短或有无由双方依法在劳动合同中约定。某些用人单位要求大学生一报到就签订劳动合同，当大学生感到单位各方面情况不尽如人意、想另谋高就时，才发现如果单方面解除合同，要承担惨重的违约代价。二是试用期或见习期过长。原劳动部在1996年全面实行劳动合同制时规定，大中专、技校毕业生新分配到用人单位工作的，仍应按原规定执行一年的见习制度，见习期内可以约定不超过半年的试用期。由于法律法规对见习期内的权利义务没有具体规定，在大学生就业中，违规违法现象主要表现为见习期与试用期的总期限超过一年，有的甚至长达两年；有些单位以见习期的名义不签合同，且借故延长见习期；有些单位签的是劳动合同，书写的却为见习期。诸如此类的现象屡见不鲜，应当引起大学生的高度重视。

第五类是培训陷阱。在大学生就业中，常常会看到一些培训机构混迹其中，不断给大学生推荐各种高薪的岗位，殊不知其中陷阱重重。收取培训费，承诺培训合格就安排工作。但培训结束后，以种种理由推托不给安排。一些培训机构与用人单位联手坑害大学生，大学生交了昂贵的培训费后，被推荐到一些位置偏僻、层次较低的企业，工作在无人问津的低薪岗位，甚至在试用期就被借故辞退。还有些用人单位要求新进大学生必须经过某某机构培训，考核合格才能录用。于是花费不少的大学生虽经过培训，考核过关者却寥寥无几；即使被录用也难逃见习期或试用期满即被以各种理由辞退的厄运。

第六类是保证金、押金陷阱。按照国家有关法律规定，严禁招聘单位在大学生就业中收取费用，包括资料费、培训费、保证金、押金等。可在招聘中，大学生还是经常碰到索要巧立名目的费用。大学生一方面求知心切；另一方面缺乏相应的法律知识和保护意识，所以经常陷入此类陷阱。

第七类是安全陷阱。大学生就业存在的种种问题，给一些不法之徒提供了可乘之机，他们常常精心策划，坑蒙拐骗盗无所不用，如果大学生稍不留神就会受其所害。

索要各种证件、签名、盖章。如果大学生在招聘中留下重要证据之类的东西，就可能成为欠费、欠税、担保人等各种形式的债务人，也可能成为被敲诈勒索的对象。

索要办证费、资料费、报名费、劳保费、保险费等名目繁多的收费。只要大学生切记，无论对方怎么巧舌如簧，没赚钱决不花钱，他们的如意盘算就会落空。

谨防偷盗抢劫。首先，对陌生的人、陌生的地点与可疑时间的面试，一定要谨慎小心，很可能各个环节都陷阱重重，令你防不胜防。其次，谨防将手机、钥匙交给对方，也不要随便吃喝对方提供的食物饮料，否则可能瞬间一无所有。最后，谨防诈骗。如果对方为掌握你的全面情况无休止面试，你可能已经处于危险的境地。要么设下小圈套让你闯祸，然后高价索赔；要么你的家人朋友可能接到你车祸、病危此类的通知，于是匆匆将钱转入了不法之徒的账号。

谨防非法工作。工作性质不清，任务不明，遮遮掩掩、行动诡秘，这时就要非常留心，你可能已沦为不法之徒的帮凶。可能正从事涉毒、偷运、销赃、窝赃。一旦事情败露，违法者全无踪影，而你成了替罪羊。

女大学生安全第一。不法之徒更易选中女大学生，是因为她们就业更难，易于诱骗，而且防卫能力差，胆小怕事，易于掌控。女大学生在就业中稍不留神，就可能会落入不法之徒、不良企业的陷阱中，轻则被劫财劫色，一无所有，更可怕的是陷入色情、传销业或被拐卖，反抗者甚至遭暴力相向，失去生命。所以，女大学生就业一定要将安全放在第一位，思想上切不可麻痹大意，贪图钱财与享受，以免被引诱；行动上要细思慎想，以防掉入陷阱；具体环节上要步步为营，以杜绝授人把柄。

第三节　就业材料准备

用人单位对是否录用某人往往局限在应聘者的言谈举止和求职材料上，有着很大的主观性。因此，结合自身特点进行自我设计，把内在修养、能力和外在包装有机结合起来，给用人单位留下良好的第一印象，一定会增色不少。

1. 求职材料的分类

纸质求职材料、电子版求职材料。

2. 纸质求职材料

对于每一位即将毕业的学生来说，求职材料的重要性是不言而喻的，纸质求职材料是获得用人单位面试机会的最重要渠道，如何从众多的应聘者中脱颖而出，获得用人单位的青睐，纸质求职材料极其关键。一套较为完整的纸质求职材料应包含以下八个部分。

①封面。首先封面设计要有"眼球经济"，封面设计最重要的目的就是让招聘者对求职者产生注意力和兴趣，做到美观，大方。其次封面设计风格与自荐材料内部主体内容风格要具有统一性。封面设计要体现学校、姓名、专业、联系方式等基本内容，最好采用A4纸打印，不要用繁体字，装帧不要太华丽。封面设计的图案可以是自己喜爱的，也可以是自己最好的作品，无论如何图案不能太"非主流"，要注意面试官具有差异性。

②求职信。求职信是要引起招聘者的注意，获得好感和认同，争取面试的机会。求职信更要集中突出体现个人特征与求职意向打动招聘者的心。一份好的求职信能体现毕业生清晰的思路、优美的语言文字、富有个性的创意思路和各方面所具备的能力和才华，具有感染力和说服力。

③个人简历。个人简历最好用A4纸打印，要求内容丰满，条理清晰。

④"毕业生就业推荐表。"每个毕业生都有一份"毕业生就业推荐表"，推荐表上应该有学院鲜章，最好是扫描打印，美观又好看。

⑤学习成绩单。如果单位没有要求，可以不要。

⑥各种证书。强烈要求将所有证书扫描缩小打印在一张纸上，可以给面试官以视觉震撼，节约纸张，看起来整洁大方。

⑦实践环节的相关材料。实践相关环节有公司证明材料，证明人和企业盖章。

⑧有关科研成果证明或在学术期刊发表的论文，也可以是自己的优秀作品展示。

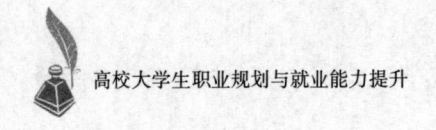

3. 电子求职材料

网上求职还可以利用专业的网络平台更好地表达自身的能力，诠释自己对所求职业的看法和理解、对行业的认识，更好地展示自己。借助网络推广平台和推广技术，可以让更多的企业发现自己，增加自己的就业选择机会，也给用人单位提供了更广阔的选择空间，使天南海北的求职者有了平等的表现机会。网上招聘受到了越来越多用人单位和毕业生的青睐。

①电子求职材料包括求职信、电子简历等基本内容。如果求职者是在网上申请职位，就按照招聘公司提供的模板，将求职信息填入相应板块，形成一份适合招聘公司筛选的电子简历。电子简历的内容包括个人信息、求职意向、学习经历、工作经历、家庭情况、获奖情况、兴趣爱好及其他问题。

②电子求职材料之我的主页。可以利用自己的技术优势，在互联网上建立自己的个人主页，充分展示自身特色，吸引用人单位的目光。个人主页应该图文并茂，内容包括自己的求职信、简历、论文、实习报告、日记、个人论坛及个人作品等。

4. 个人简历的制作

（1）简历的关键点

简历最重要的是要有针对性。这个针对性有两层含义：一是简历要针对你所应聘的公司和职位；二是你的简历要针对你自己，写出自己在大学的亮点。写简历前将自己在大学的学习、社会工作和生活仔细回想一遍，写下有亮点的事情。如成绩优秀，获得过奖学金或者获得过什么竞赛奖励等；如参加过学生会工作、学生社团工作，到哪些单位实习过，组织过什么活动，取得什么业绩等；如自己在大学里做过什么有意义的事等。找出自己与众不同的地方，找出能反映自己良好素质的成绩或实践活动。

然后根据所应聘的岗位和公司进行一定的筛选和修改。打个比方，如果是应聘技术型的工作，重点是要突出你的专业成绩、实践能力、团队精神等。简历上应该体现你的专业成绩，曾经做过的与应聘岗位有关的项目及所取得的成绩，或在专业刊物上发表的论文；另外，也可以稍加一点你参加的社会活动，表现你的团队合作精神。如果是应聘销售类的工作，重点要突出你的沟通能力、人际交往能力和不服输的精神。简历上应体现你的社会活动业绩，你曾经做过的兼职，以及你因为坚持和毅力取得的成绩。

（2）简历的内容结构

① 个人基本情况：主要包括姓名、性别、出生年月、联系电话、电子邮件地址，籍贯、身高、体重根据用人单位的招聘要求选择填写。

② 求职目标：写1~2个相近的求职岗位，如果你写了应聘的职位是会计，同时又写上应聘销售员的职位，招聘人员会认为你缺乏对自己合理的求职定位而没有明确的求职目标。

③ 个人优势：个人优势对于简历而言，就像一张名片，招聘方面对大量的简历，往往每一份简历停留的时间以秒为单位，写好个人优势，在第一时间抓住招聘人员的注意力，让他有意愿再看下去是关键。个人优势基本围绕"做过什么""能做什么""综合素养""专业知识"四大方面去总结。

④ 教育背景：简单介绍与求职意向相关的教育背景，包括学校、专业方向，与求职意向相关的主要课程等。除了学校专业课程，如有与求职相关的其他学习经历，如参加课外培训、自学网络课程等，建议写上，以便

用人单位了解知识结构、专业特长和基本素质。

⑤ 突出成果：重点叙述在校期间所取得的成就或成果。如获得奖学金的情况、得到表彰和奖励的情况，论文和项目参评的结果，外语水平等级、计算机技能等级证书，技能证书，资格证书等。要分项写清楚，每一项都要明确具体名称、类别、范围和取得的时间，让别人觉得真实可信。

⑥ 实践经历：主要是在学生时代除了学习以外的其他活动。如学生会工作、班级工作、社团工作、实习活动、勤工俭学、暑期工、志愿者活动、晚会、运动会等各种大型活动的组织工作等。这些将是用人者评估你是否有潜力的重要参考因素。

（3）简历写作中的一些细节问题

① 教育背景时间要倒序，应届毕业生最多写到高中为止，可以只写最高学历。

② 一份简历必须明确求职意向，简历内容围绕求职意向展开，与求职意向无关的经历不写。切忌一份简历海投。

③ 简历必须真实，所有的内容必须有实际内容支持，千篇一律，放之四海皆准的东西不要写。

④ 实习、兼职或在校的一些活动经历需要突出结果导向，不要单纯描述做过什么事，重点是，你是怎么做的，最后取得了什么结果，提升了什么能力。

⑤ 联系方式务必准确，且保持畅通，包括手机号码及电子信箱。

（4）简历的其他相关注意事项

① 简历因专业的不同而不同。

文史理工类专业的学生跟艺术广告设计类专业的学生的求职简历展现方面是不一样的。文史理工科的简历更显得中规中矩一些，因为专业的原因体现的重点更多在文字内容上；但艺术广告设计类的简历除了内容，还能体现在简历的外在形式和简历的包装上，能够体现学生在艺术方面的创造才华和艺术造诣，从而体现自己的专业水平和能力。

② 简历因应聘单位的不同而不同。

应聘国企单位和外企单位所要制作的简历有以下不同之处。

第一，教育经历的展示侧重点不同。国企单位重视专业成绩以及其他主要成绩的具体分数，而外企简历则更加注重专业和成绩的学分情况。而且他们在学校等方面的重视程度也是有所不同的。

第二，国企单位和外企单位对简历都非常重视，但是外企重视的学校名气度超过了专业，而国企则会将两点都作为相同分量或者差别不大的情况进行对待，而不会像外企那样远远重视学校的名声。因为外企认为学校的实力和品质决定了学生的综合素质，而那些一般的学校在这些方面远远欠缺，就算专业再对口，但学生实际上获得的知识和接受的教育水平也是不同的，毕竟大学拥有四年较长的时间，这个差距并不是靠着后面短期的时间可弥补的。

③ 简历因应聘行业和职业的不同而不同。

不同行业招聘人才侧重点不同，所以内容上肯定会有所不同，比如应聘的岗位一个是教育行业，一个是文案策划，简历内容上基本信息肯定是一致的，但是在个人经历、履历方面是不同表述的，教育方面着重讲解自己的资质、教育经历和相关的成果展示；文案策划方面着重展示自己的特色、优势和过往优秀作品。

第七章　大学生求职择业的方法与技巧

求职择业，通俗地说是大学生人生道路上的一次重大选择，选择自己的未来，也是人生职业道路上必经的一个关口。渴望有一个好职业，能够充分发挥自己的聪明才智，成就一番事业，这是每个大学毕业生梦寐以求的事情。那么，在就业市场化、就业渠道多元化的今天，怎样才能找到自己理想的职业呢？大学生求职择业，在具有良好的思想品德素质、科学文化素质、心理素质等综合素质的前提下，更要掌握求职择业的一些必要的方法和技巧，这样才能达到事半功倍的效果。大学毕业生应该根据自己的实际情况和用人单位的要求，掌握求职技巧，充分做好信息准备、心理准备、资料准备，面对现实迎接挑战，积极地实现自己的求职愿望。

第一节　求职自荐

1. 选择恰当的自荐方式

自荐方式是多种多样的，选择恰当的自荐方式，在求职择业过程中无疑是十分重要的。就每一个求职择业的大学生而言，究竟采用何种自荐方式，首先应当从自己的实际情况出发。例如，善于语言表达且有一口流利标准普通话的求职者，采用口头自荐似乎更能打动人心；倘若能写一手漂亮的字和漂亮的文章，则选择书面自荐更能显示出求职者的魅力。当然，运用哪种自荐方式主要还要看用人单位的需要，对招聘播音员、节目主持人的用人单位来说，口头自荐显得更受重视。招聘文秘职员的用人单位，则可能是希望求职者先呈递书面的自荐材料。此外，自荐材料的递送方式也应注意。在竞争激烈的情况下，邮寄的自荐材料可能不易引起用人单位的注意和重视。求职者亲至用人单位或招聘现场当面呈递自荐材料，则也许易于加深用人单位对自己的印象，从而提高求职者成功的可能性。

常用的自荐方式：电话自荐、当面自荐、网络自荐等。

2. 准备充足的自荐材料

自荐信、个人简历、证明材料、学校推荐意见等要齐全、完整，不能有遗漏。这几种材料，虽然单独都能成立，但各个侧重点不同。自荐信主要表明自己的态度，个人简历主要说明白自己过去的经历，证明材料强调自己所取得的成绩，学校推荐意见则体现了学校对自己的认可。缺了任何一个方面，自荐材料都不够完整。由于用人单位对求职者的要求不尽相同，自荐材料也应根据不同的需要而有所变化。例如，前往外事、旅游等部门求职，可另外准备一篇外文自荐信；欲去少数民族地区择业，能用民族文字撰写自荐信则效果更佳。另外，自荐材料的份数亦应准备充足。即使是同一个用人单位，同时呈递几份自荐材料，使各有关人员人手一份，这无疑为他们在共同商议是否录用时提供了方便。

3. 采取适当的寄送方式

寄送自荐材料一般有两种方式：一是通过网络邮箱投递，二是本人亲

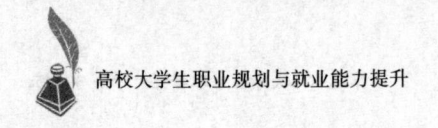

自面呈。网络投递更方便快捷，当面呈递易于加深用人单位对求职者的印象，易受重视，成功率较高。究竟采用哪种方式为好，应根据实际情况而定。

4. 掌握自我介绍的技巧

灵活掌握自我介绍的一些基本技巧，显然有助于顺利打开求职的大门，自我介绍时，应注意以下三个方面。

（1）积极主动

自荐是求职者的主动行为，任何消极等待都是不可取的。自荐、个人简历等自荐材料的呈交、寄送尽量及时进行。在了解到需求信息时，更不能迟疑，否则就可能错失良机。为使用人单位更全面地了解自己的情况，事先应做好各种自荐材料的准备，不等对方索要，主动呈交；不等对方提问，主动向对方介绍；不消极等待回音，主动询问。这样，往往给人态度积极、求知心切、胸有成竹的感觉。

（2）重点突出

在介绍自己时，应重点突出自己的能力和知识，本人基本情况和家庭情况简单介绍即可。对于自己的专长、经验、能力、兴趣等，可以详细介绍。为了取得对方的信任，有时还要举例说明。比如，大学期间发表过的论文，获得的奖励，承担的社会工作或某些工作经验、社会阅历等。要突出自己的优势和闪光点，因为与众不同的东西，可能就是你的魅力所在。平铺直叙，过分谦虚，有碍用人单位对自己的全面了解和正确评价，而易将自己埋没在求职的大军之中。

（3）有的放矢

针对用人单位的具体要求，强调自己的社会经验和专业所长，这样才能使招聘者相信你就是最理想的应聘者。比如用人单位招聘文秘人员，你介绍自己如何具有公关能力，就不如介绍自己文史哲知识及写作才能；用人单位招聘科研人员，你展示自己的语言才能，就不如学业成绩和科研成果来得实在；用人单位招聘管理人员，你的学生干部经验及组织管理才有可能会更受重视。强调针对性的同时，也不能抹杀相关知识才能的作用。专业特长加上广泛的知识面和兴趣爱好往往会更受用人单位青睐。

总之，自我介绍既要积极主动，重点突出，又要有的放矢，如实全面。只顾如实全面，就会成为流水账，缺乏吸引力。只图闪光点，难免会有哗众取宠之嫌。只有把以上各点综合运用，才能有助于实现自己的就业志愿。

5.赢得好感的技巧

成功的自荐就是为了赢得用人单位的好感，赢得了好感也就达到求职目标的一半。赢得用人单位的好感不是一件容易的事情，它往往受到招聘者的思想、观点、性格特点及求职者的实力及自荐表现等诸多因素的影响。但只要自荐时把握好以下四点，赢得对方的好感也是不难做到的。

（1）谦虚谨慎

向用人单位推荐自己时，切忌过高评价自己，我字当头，自视甚高，处处炫耀自己，对用人单位评头论足，那样也会导致招聘者反感。一个善于尊重别人的人，才会受到别人的尊重。一个对别人有好感的人，才会得到别人的好感。即使自己有过人之处，也应以谦恭的态度向对方展示。即使自己有好的建议，也应以委婉的言辞提出。

（2）自信大方

极端的羞涩、懦弱，过于自卑的做法亦不可取，谦虚不等于虚伪。试想一个用人单位会录用一个自己都感到信心不足的求职者吗？具体来说，自荐时洪亮的声音、洒脱的字体、从容的举止，都能表现自己的自信心。

（3）文明礼貌

礼多人不怪。礼仪是道德的一种外在表现形式，它在人际关系的调节中具有不可忽视的作用，以礼待人是赢得好感的基本原则之一，而礼貌的言谈举止是其基本的表现形式。自荐过程中，首先应当注意礼貌地称呼对方，或按照社会习惯称其职务，或沿用学校的习惯称其老师。交谈结束时，应使用辞行场合的礼貌用语。

（4）认真细致。无论哪个用人单位都会喜欢一个办事认真细致的职员。自荐材料书写工整，无涂改痕迹，文法用词恰当，无错字别字，标点符号准确无误，都会给人以办事认真细致的印象。

第二节　求职笔试

笔试是一种常用的考核办法，主要是用以考核应聘者特定的知识、专业技术要求或需要重点考核应聘者对文字的运用能力，以及考查录用人员素质的一种书面考试形式，它是用人单位对求职者所掌握的基本知识、专业知识、文化素养和心理健康等综合素质进行的考查和评估。笔试对应聘者来说是相对公平的一种测试方式，因而被越来越多的用人单位采用。

1. 笔试的分类

按考试的侧重点分类，目前求职过程中的笔试形式一般有以下六种。

（1）专业考试

专业考试主要是检验应聘者担任某一职务时是否能达到所要求的专业知识水平和相关的实际能力。专业知识考试的题目专业性很强，如外资企业、外贸企业对应聘者要考外语，科研机构招聘人员要考动手能力，公检法机关录用干部要考法律知识等。值得注意的是，这种考试方式已被越来越多的"热门"单位采用。

（2）文化素质考试

文化素质考试是为了检验毕业生的实际文化素质，由用人单位给出范围或特定要求，让应聘者通过作文来考查其知识、思维、文字表达能力的一种笔试方式。考试的题目以活题类型居多，如要求文科学生运用某一原理，或某一历史知识，分析某一问题；要求理工科学生运用某一专业知识，解决某一实际问题等。

（3）技能测试

技能测试是为了检验应聘者的实际工作能力或专业技术能力。这种考试往往针对特定的工作岗位来设计。比如用人单位要招聘一名秘书，为了考查应聘者是否具有这方面的技能，会通过下面的题目来测试：阅读一篇文章，写读后感；自编一份请示报告和会议通知；听取5个人的发言，写一份评议报告；某公司计划在5月赴日本考察，写出需做哪些准备工作；等等。

(4)论文笔试

论文笔试是检验求职者分析、综合、比较、归纳、推理等思维能力的方法。其形式采用论述题或自由应答型试题。该笔试的最大长处，是有利于考查求职者的思考能力，从而能够检查求职者思想认识的深刻程度。这种测试往往会导致种种不同的答案，易于发现人才，促进智力发展，远比简单的测验题更能判断一个人的水平。论文笔试要求毕业生讨论问题要深刻、有见地。

(5)心理测试

心理测试是用事先编制好的用于测试或问卷，要求被试者在一定时间内完成，根据完成的数量和质量来判断其心理水平或个性差异的方法。一些特殊的用人单位常常以此来测试求职者的态度、兴趣、动机、智力、个性等心理素质。

(6)国家公务员录用考试

国家机关录用公务员，一律实行考试录用。中央、国家机关的各招考职位按性质和权责的不同分为A、B两类。"A类"职位主要包括在中央、国家机关和中央国家行政机关派驻机构与中央垂直管理系统所属机构中，从事政策、法律法规、规划等的研究起草工作和政策、法律法规、规划实施的指导、监督检查工作，以及从事机关内部综合性管理工作的职位（如国家计委综合司从事经济形势分析和政策研究的职位）。"B类"职位主要包括在中央、国家机关和中央行政机关派驻机构与中央垂直管理系统所属机构中，从事机关内的专业技术工作、对机关的业务工作提供专业技术支持的职位（如某些机关内部的财务会计职位）；实行中央垂直管理的行政机关中直接将各项具体规定施于公民、法人和其他组织的行政执法职位（如基层海关中从事海上缉私或现场查验工作的职位）。

2. 笔试的内容

（1）专业与知识能力

通过笔试的方式检验应聘者担任某一职务时是否能达到所要求的专业知识水平和业务水平及相关能力。专业知识和业务水平是求职者能否进入用人单位的最基本条件，尤其是技术类单位和岗位对专业技术水平尤为看重。

（2）问题分析能力

第一个是结构化思维的能力，你分析问题的过程是不是有逻辑性，能不能够按照"提出问题—分析问题—解决问题"的结构来布局你的写作，各个环节之间的逻辑关系是不是清晰，确定哪些是第一个层面的内容，哪些是第二个层面的内容。有的时候我们还可以借用一些现成的分析工具来帮助我们结构化我们的表达。第二个是多角度分析问题的能力，这主要考查的是思维的发散性和拓展性。你能不能够从多维度、多视角来分析问题，而不是仅仅局限于现有框架。一件事情本身，其影响可能是多方面的，你能不能把这些彼此相关的、具有内在联系的前因后果联系起来。多角度分析问题的能力还涉及思维的完整性，当你考虑一个问题的时候，你是仅仅想到一点写一点，还是能够把这个问题的方方面面考虑得比较完善和透彻。

（3）外语应用能力

分析能力是解决问题的方法和路径，而语言运用能力就是方法和路径的手段与工具。如果求职者解决问题只停留在分析问题的层面上，缺乏系统和有效的表达能力与技巧，就不能够把自己的想法和思路传达给考核者，因为最终他是要通过你书面记录下来的文字来判断你分析和解决问题的能力。很多外资企业或者国内的跨国公司都要求应聘者有外语的应用能力，比如词汇量，外语写作的思维方式和驾驭文字的能力。这些是需要通过长期的积累和实践才能够获得的能力。

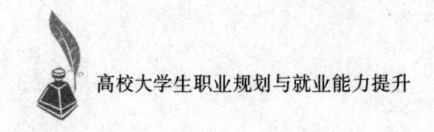

（4）知识域的考查

所谓知识域也就是知识面，主要包括一些基本常识性的问题和时事方面的内容。知识域的考查注重的是应试者平时对于常识问题和时事政治的关心程度，这些内容分布广，涵盖了政治、经济、社会和人文的方方面面，因此需要平时的积累。

（5）语言理解和表达能力

语言理解和表达能力着重考查应试者对语言文字的综合分析能力。语言比较类似于高考的语文。例如，对于语病的判断、选择合适的词填入、成语的辨析、句群大意的归纳等。

（6）数理分析能力

通过简单的数字排列规律和运算法则来考查应试者的数理分析能力，这些典型的题型包括数列的规律、速算、平面几何和立体几何的一些简单应用。一般来说，这类题型不提供也不允许携带计算器。

（7）逻辑推理能力

逻辑推理问题主要包括两种题型，一是图形的推理题，指通过寻找一定的规律来找出相似的图形或者不属于同类的图形。这是一种形象思维能力和抽象思维能力的复合的考核，而抽象思维的能力，特别是将具体的图形中的相同或相似的共性找出来，并将其元素化的能力是解题的关键所在。二是文字的分析推理题，考查的本质是对于充分条件、必要条件和充分必要条件的理解和判断，但是题目的类型多以生活化的场景来演绎，并不拘泥于简单的数学表达方式。

（8）情绪调控能力

情绪调控能力是指善于调整自己的情绪并能有意识地调节和支配自己思想和行为的能力。通过心理测试题目或是采用情景描述的办法来判断一个人的情绪调控程度，特别是一些有特殊要求的工作岗位对情绪调控能力的要求比较高。

3. 笔试的技巧

（1）笔试的复习技巧

笔试是招聘单位根据招聘需要，对应聘者的知识、技能及能力等诸多因素的发展水平，做出评价的手段。要在考试中取得好成绩，关键在于牢固地掌握所学知识。在系统复习前，制订一份合理的、具体的、切实可行的复习计划，掌握一个实用有效、科学的记忆方法，无疑会为应聘笔试打下成功的基础。

（2）笔试的心理技巧

求职者在应聘时，首先想到的是如何战胜众多对手，向用人单位交上一份完美答卷。此时良好的心理素质，对考试的成绩非常重要。我们经常可以听到、看到有不少人满腹经纶，却不能如愿以偿地向众人表述；有不少运动员平时刻苦训练，看似技术娴熟，却在关键时刻发挥失常；有不少应试者，平时成绩优秀，一旦面临大考就砸锅，在考试时，面部发青，喉咙发紧，无法正常发挥。平时卧薪尝胆，却不能抓住机会一显身手。因此要树立信心，克服心理疲劳。

（3）笔试的答题技巧

笔试成绩的高低，不仅与自己的实际水平和考前准备有关，还与自己的答题技巧有关。要提高答题技巧，就要有良好的考试心理状态，要了解考试的特点，了解各类考试题目的特点和解答各类题目的方法，以充分反映自己已掌握的知识，充分发挥自己的真实水平。

应考的心理要做到适度紧张和适度放松相结合。适度紧张是由考试评价情境所引起的一种特定的情绪状态。没有一点紧张情绪，抱无所谓或松散的心情，是考不出最佳的成绩的。过于紧张，情绪慌乱，也是考不出

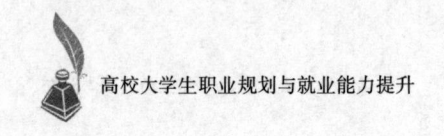

最佳成绩的。只有适度紧张，情绪稳定，认真审题，努力回忆所学过的知识，先易后难，迅速答题，才能考出最佳成绩。

第三节　求职面试

大学毕业生求职既是一种人生的自我选择和自我"推销"，也是对个人能力及素质的考验，需要积极的策略应对才能心想事成，如愿以偿。发挥出色，可以在一定程度上弥补其他条件如学历、专业上的不足。要想从求职者中脱颖而出，关键是要能把握面试中的应答原则，熟悉和掌握面试中应答的策略和技巧，更好地展示自己。

1. 面试的类型与特点

（1）单独面试与集体面试

根据面试对象的多少，面试可分为单独面试和集体面试。所谓单独面试，指主考官逐个地与应试者单独面谈。这是最普遍、最基本的一种面试方式。单独面试的优点是能够提供一个面对面的机会，让面试双方较深入地交流。单独面试又有两种类型：一是只有一个主考官负责整个面试过程，这种面试大多在较小规模的单位录用较低职位人员时采用；二是由多位主考官参加整个面试过程,但每次均只与一位应试者交谈,公务员面试大多属于这种形式。

集体面试又叫"小组面试",指多位应试者同时面对面试考官的情况。在集体面试中,通常要求应试者做小组讨论,相互协作解决某一问题,或者让应试者轮流担任领导主持会议、发表演说等。这种面试方法主要用于考查应试者的人际沟通能力、洞察与把握环境的能力、领导能力等。无领导小组讨论是最常见的一种集体面试法。

(2)常规面试与情境面试

常规面试,就是我们日常见到的最常用的主考官和应试者面对面以问答形式为主的面试。在这种面试条件下,主考官处于积极主动的位置,应试者处于被动地位。主考官提出问题,应试者根据主考官的提问做出回答,展示自己的知识、能力、素质和经验。主考官根据应试者对问题的回答以及应试的仪表仪态、肢体语言、在面试过程中的情绪反应等对应试者的综合素质状况做出评价。

情境面试,是面试形式发展的新趋势。在情境面试中,突破了常规面试即主考官和应试者一问一答的模式,引入了无领导小组讨论、公文处理、角色扮演、演讲、答辩、案例分析等人员甄选中的情景模拟方法:在这种面试形式下,面试的具体方法灵活多样。面试的模拟性、逼真性强,应试者的才华能得到更充分、更全面的展现,主考官对应试者的素质也能做出更全面、更深入、更准确的评价。在情境面试中,应试者应落落大方,自然和谐地进入情境,去除不安和焦灼的心理,只有这样,才能发挥出最佳效果。

(3)一次性面试与分阶段面试

一次性面试,指用人单位对应试者的面试集中于一次进行,在一次性面试中，面试考官的阵容一般都比较"强大"，通常由用人单位人事部门负责人、业务部门负责人及人事测评专家组成。在一次性面试情况下，应试者是否能面试过关，甚至是否被最终录用，都取决于这一次面试表现。面对这类面试，应试者必须集中所长，认真准备，全力以赴。

分阶段面试又可分为两种类型，即依序面试和逐步面试。

依序面试一般分为初试、复试和综合评定三个阶段。初试的目的在于从众多应试者中筛选出较好的人选，主要考查应试者的仪表风度、工作态度、上进心、进取精神等，将明显不合格者予以淘汰；初试合格者则进入复试，复试以考查应试者的专业知识和业务技能为主，衡量应试者对拟任工作岗位是否合适。复试结束后即再由人事部门会同用人部门综合评定每位应试者的成绩，确定最终合格人选。

逐步面试一般是由用人单位的主管领导、处（科）长以及一般工作人员组成面试小组，按照小组成员的层次、由低到高的顺序，依次对应试者进行面试。面试的内容依层次各有侧重，低层次一般以考查专业及业务知识为主，中层次以考查能力为主，高层次则实施全面考查与最终把关。应试者要对各层次面试的要求做到心中有数，力争每个层次均给考官留下好印象。在面对低层次面试时，不可轻视；在面对高层次面试时，也不必拘谨。

（4）结构化面试、半结构化面试与非结构化面试

根据面试的结构化（标准化）程度，面试可以分为结构化面试、半结构化面试和非结构化面试。所谓结构化面试，是指面试题目、面试实施程序、面试评价、考官构成等方面都有统一明确规范的面试；半结构化面试，是指只对面试的部分因素有统一要求的面试，如规定有统一的程序和评价标准，但面试题目可以根据面试对象而随意变化；非结构化面试，是对与面试有关的因素不做任何限定的面试，也就是通常没有任何规范的随

意性面试。

正规的面试一般都为结构化面试，公务员录用面试即为结构化面试。所谓结构化，包括三个方面的含义：一是面试过程把握（面试程序）的结构化，二是面试试题的结构化，三是面试结果评定的结构化。

在非结构化的面试条件下，面试的组织非常"随意"。关于面试过程的把握、面试中要提出的问题、面试的评分角度与面试结果的处理办法等，主考官事前都没有精心准备与系统设计。非结构化面试颇类似于人们日常非正式的交谈，除非面试考官的个人素质极高，否则很难保证非结构化面试的效果。目前，非结构化的面试应用得越来越少。

（5）引导式面试与非引导式面试

引导式面试，主要由主考官向应试者征询某些意见、需求或获得一些较为肯定的回答。如涉及薪金、福利、待遇和工作安排等问题宜采用此类方法面试。引导式面试的特点是"特定"的问题要求做"特定"的回答，主要通过应试者回答问题的水平来测试其反应能力、智力水平与综合素质。

与引导式面试相反的是非引导式面试。在非引导式面试中，主考官所提的问题是开放式的，内涵丰富，涉及面较广泛。主考官提问后，应试者可以充分发挥，尽量说出自己的意见看法或评论。它没有"特定"的回答方式，也没有"特定"的答案。同引导式大幅度相比，在非引导式面试中，应试者可以畅所欲言，因此可以取得较丰富的信息，有利于做出较为客观的评价。

2. 面试的准备

面试是求职过程中的重要一环，对于求职者获得所希望的工作具有非同小可的影响。尽管求职者的资历、知识、能力、品德和身体是求职的基本条件，然而，求职者在面试时的外表、举止、谈吐、性格等表现，也直接影响求职的成败。求职者要想在面试中有出色的表现，就要"不打无准备之仗"，做好必要的准备。

（1）确定面试的三要素（3W）

面试前一定要明确三个基本要素——时间（When）、地点（Where）、联系人（Who），否则就很容易出岔子，不是弄错时间、场所，就是去了却不知道找谁，到处乱问，影响面试的心情。一般情况下，招聘单位会采取电话通知的方式，万一没听清，要赶紧问明白，并复述一遍让对方确认。

（2）面试前的心理准备

做好面试前的心理准备就是要正视自身，肯定自己的优点，认清自身存在的不足。如果自卑自弃，过低估计自己，会使用人单位感到你没有才能；如果过高地估计自己，表现不够谦虚谨慎，会使用人单位反感，认为你不可信赖。因此，求职者既要有热情诚意，又要保持不卑不亢的从容态度，才会给用人单位留下一种好印象，从而促使其认真考虑对你的取舍。

（3）面试的资料准备

知己知彼，百战不殆。求职者在面试之前要上网查公司的背景和应聘职位的情况。

公司的背景包括公司所属行业、产品、项目、发展沿革、组织结构、企业文化、薪酬水平、员工稳定性、重大事件等，了解得越全面、深入，面试的成功率就越高，同时，也有助于企业进行初步判断。

应聘职位情况包括职位名称、工作内容和任职要求等，这一点非常重要，同一个职位名称，各家企业的要求是不尽相同的，了解得越多，面试的针对性就越强。同时还要准备好个人的必要材料，带好简历和有关材料。不要认为已经送过简历，就不需要。有备无患总是没有坏处的。例如，某大学会计系的几位同学到会计师事务所面试。主试官告诉他们，由于某些原因找不到他们的简历了，问是否可以再提供一份。当时只有一位同学带了，结果只有他一人被录取。

记住随身携带笔和笔记本。也许有一些东西需要记录下来，如对方的姓名、联系方式等，或者对方介绍单位情况的内容。同时把面试者所说的话记录下来对对方也是一种尊重，这会使对方觉得高兴。

（4）面试问题的准备

一般来说，面试考官向求职者提出的问题可能是多方面的，很难做到尽在预料之中，但是只要有所准备，就可以将面试常见的问题适当归类，做到应对自如。在面试时通常会问到的问题类型如下。

有关个人情况，如自我介绍，谈谈个人的强项、弱项、爱好、特长等。

有关学校生活情况，如为什么选择所学的专业，专业技能训练情况等。

有关社会工作经历，如在假期是否打过工，有没有相关专业的实习经历等；有关职业方向问题，如申请来单位工作的动因等。

有关岗位的问题，如将如何做好应聘职位的工作等。

人际交往能力方面，如怎样和同事融洽相处，是否有团队协作能力等。

当前时事方面的问题，如对当前国家经济形势的认识等。

（5）面试的服饰准备

俗话说"佛要金装，人要衣装"。一般来说，衣着整洁、仪表端庄、举止稳重的人，做事比较有规律，注意自我约束，责任心较强。面试官往往特别重视应试者的穿着打扮，把它作为对应试者有关素质评判的外观标志。

面试时的着装要求通常有以下六条。

①男士得穿上整洁的服装，但不必刻意打扮。切勿穿短裤、凉鞋、运

153

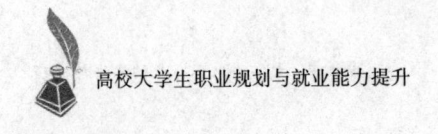

动鞋等。

②女士应穿着整洁、大方得体。叮当作响的珠宝饰物、过浓的香水、有破洞的丝袜、未修过的指甲或蓬乱的头发等，都足以抵消求职信给予用人单位的良好印象。还有切忌浓妆艳抹，不穿迷你裙、无袖上衣等。

③选择服装的关键是看职位的要求。应聘银行、政府部门，穿着偏向传统正规；应聘公关、时尚杂志等，则可以适当地在服装上加些流行元素。除了应聘娱乐、影视、广告这类行业外，最好不要选择太过突兀的穿着。应届毕业生允许有些学生气的装扮。

④简单是最重要的原则。"简单就是美"，这不仅是职场着装的原则，也是面试打扮的座右铭。参加面试的时候，一般的色调最好以黑、白、灰、蓝、咖啡色为主，太花哨的颜色可能会引起面试官的反感。黑色永远是最"安全"的颜色，但是黑色太具有权威感。穿黑色很难让人产生亲近的感觉。如果你想从事创意行业，不妨试试明亮的颜色，但鲜艳明亮也还是应该遵循简单的原则，白色是一个很好的选择。女生如果平时佩戴饰品，面试时也可以照常佩戴，但太花哨的饰物最好取下来，饰物的数量也不要过多，款式越是简单越好。

⑤干净平整。除了简单，干净也是面试时要特别注意的。你的着装再得体，也必须保持干净整洁，这是最起码的要求。干净整洁不仅仅是指衣服，头发的整洁也是很重要的，如果顶着一头乱蓬蓬的头发去参加面试难免有碍观瞻，会让面试官认为你不善于打理自己、不善于管理时间，这样的印象对你的面试无疑是不利的。

⑥"巨资打造"没有必要。由于经济条件有限，刚走出校园的毕业生很难承受昂贵的服装，这一点用人单位是完全理解的，公司的人事经理不会计较一个来面试的人穿的是不是名牌。相反，如果你穿着一件价格不菲的西装去参加面试，你的套装甚至比面试官的还要高级，面试官会怎么想

呢？也许他会觉得，你是一个对生活要求很高的人，不会满足现在公司提供的薪水，也不会安分守己地从基层做起。

（6）面试的行程准备

严格守时是面试的基本要求。但是虽然都知道不能迟到，令人难以置信的是有许多应试者迟到。他们往往并非对申请的工作不认真，而是低估了行程需要的时间，没有预留足够的时间应付意外事件。即使没有迟到，如果没有预留足够的时间，途中不免紧张焦虑，害怕迟到，匆匆忙忙，对面试的表现有害无利。

如果路程不是太远，在面试之前最好到该处跑一趟。到时候可以不需要花时间找地方，增加不必要的焦虑；也能够较准确地预测行程所需要的时间，做到游刃有余；还可以熟悉环境，了解场地气氛，可以向接待处或服务台询问一些基本的问题，索取单位有关资料，观察雇员的打扮作风。这些都可以增加面试时的信心。

出门前，要注意检查仪表，收拾材料，放松心情。一般要提前半小时抵达，稍作休息，待安定心神之后再进去。面试之前，应该提前十五分钟向有关人员报到。

（7）面试等待的准备

一进面试单位，若有接待处，要开门见山说明来意，经指导到指定区域落座；若没有，要找工作人员求助。要注意用语文明，礼貌对待秘书或接待人员，开始的"你好"和被指导后的"谢谢"是必要的。有的人虽与招聘人员很谈得来，但秘书对他很反感。负面的评语传到招聘人员的耳朵里，也会对面试结果产生不利影响。不要索要材料或询问单位情况，不要驻足观看其他工作人员的工作，或对工作人员所讨论的事情或接听的电话发表意见或评论。如果此时分发单位介绍材料，应该仔细阅读以了解其情况。

如果等待时间比较长，也可以阅读一些自带的书刊和资料。不要来回走动，东张西望，显得浮躁不安，也不要与别的面试者聊天，这种谈话的影响难以把握，也许会导致你应聘的失败。更不要费尽心思地想从面试完的人那里打听消息。

切记保持行为的文明礼貌。尽管还未进入面试考场，但聪明的竞争者，知道在没有进入考场前，面试可能就已经开始。例如，在一次面试等待的时候，李小姐在洗手间门口碰到另一位女士。她彬彬有礼地点头致意，并打开门请对方先进。对方表示感谢后，李小姐又做了得体的回答。当李小姐进入面试考场时，惊讶地发现那位女士正是考官中的一位。面试的整个过程，那位女士友好、亲切与注意的目光，让她感到很轻松，圆满地完成了面试。一次小小的机会让李小姐受益匪浅。

3. 如何应对面试

（1）开始阶段

最好在进入面试考场前，先关掉手机和其他电子设备。虽然当着主考官的面关更可显出你的诚恳，但是不少人由于紧张过分，难免会忘记。在进入面试考场的时候，面试就已经真正开始，求职者的每一个细节都暴露在考官眼中。

进门：在进入面试房间前，先深吸一口气，然后轻叩房门两三下，待应允后才可进入（若有人引导则不必如此）。走进后，背对考官，将房门轻声关上，然后缓慢转身面对考官。这时可以很自然地扫视一下整个房间，确定面试考场的基本布局，包括自己的座位。然后面带微笑，用目光逐一向各位面试考官致意，这就充分表现了你的修养、稳重、信心和力量。微笑不仅说明自己是放松的,而且在表现自己风采的同时,已经开始和面试考官进行积极的情感交流。

迈步:一个垂肩驼背的应试者,会给人悲观消极的印象;而散漫的步伐会表明应试者对面试的消极态度。切忌摇头晃脑、东瞅西望、左右摇摆。一般面试考场都放置有考生坐的椅子,这时你径直稍快地走到椅子前站立即可,不要随意移动。停住脚步,站稳后,要向面试考官打招呼。

称呼:一般工作人员在将应试者引入考场后,会主动为应试者向考官引见。如果没有,也不要胡乱称呼。要是面试考官也没有主动介绍,那么可以先简短地自我介绍一下,再有礼貌地请教对方的姓名和身份。

面试时的称呼语最好是叫出对方的姓加头衔或职位,并致以问候,如:"王局长,您好!"称呼时要声音洪亮,面带微笑,一定要记住各位面试考官的名字,并将每一个名字与人对上号,以免面试进行中或结束时,再次称呼考官,却因为忘记而造成尴尬。因此,当面试考官介绍考评成员时,如果没听清楚,要及时请教:"对不起,我没听清您该怎样称呼!"不要以为这会令自己难堪,名字作为"身份"的标志,每一份关注都会让对方产生好感。

坐姿:在得到许可或示意后方可入座。入座(离座)时动作要轻盈和缓,从容不迫,不要慌张,也不要一屁股跌坐在座位上。

坐下来之后,坐到椅面的一半到三分之二即可,要坐直,上身略向前倾。两脚平稳着地。平行放好。男性两膝之间可空出一个拳头左右的位置,而女士两膝应并拢,一起摆向一边或小腿交叉,但不要向前伸直。随身带的书包、公文包或文件夹等可平放于膝盖上或座位旁,但双手不要玩弄公文包上的拉链扣或卡舌等。

眼神的交流:你的目光要注视对方,看着对方的眼部就行了。但要注意不要目光呆滞地死盯着别人看,这样会使人感到很不舒服。如果有不止

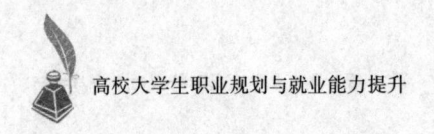

一个人在场，你说话的时候就要适当用目光扫视一下其他人，以示尊重。

（2）中间阶段

一次好的面试总是组织有序的，所有问题都与工作和个人素质联系紧密。以下是面试中经常涉及的问题。

问题大类	面试官常问问题参考
自我介绍	请简单介绍一下你自己；你是什么样的人？你认为你的优点/缺点是什么？你的老师/同学如何评价你？请用三个词汇介绍一下你自己
学历及受教育程度	你最喜欢/最讨厌学的课程是什么？你学习的哪方面对你影响最大？你为什么要选择这个专业
工作经历	你参加过哪些社会实践活动？你在实践活动中的主要职责是什么？你觉得你完成得最难的工作是什么
就业方向	你为什么想得到这份工作？这份工作究竟有什么地方吸引你？在这一领域你还应聘过其他的工作吗？你还向哪家公司提交过求职申请？你申请过与这个工作不同的工作吗
对用人单位的了解	你对我们单位了解多少？我们单位有哪些产品或服务？你认为我们单位面临的关键问题是什么
个人成就、爱好	大学期间你做过的一件最成功/最失败的事情是什么？除了学习，你最主要的兴趣是什么？你为什么喜欢？你爱看书吗？最近你在看的是什么书？你旅行过吗？去过哪里？为什么去那里旅行？旅行中有什么心得和收获
重视让你提问的机会	工作的性质；体现你对所申请工作或部门有更多的了解；表现出对所申请的单位的产品或服务感兴趣；自己应聘职位的职业阶梯发展计划

（3）结束阶段

感谢面试官给你这次面试机会，告诉他们你很高兴认识他们。

第四节　求职礼仪

1. 面试仪表

仪容举止是面试中一个重要的测试要素，毕业生面试时需要注意以下两点。

（1）服装服饰

俗话说："人靠衣装，马靠鞍装。"服饰能够反映出一个人的文化水平、修养和气质，它是一种重要的体态语言。从某种程度上来说，外表装束更能反映一个人的心态。面试过程中，第一印象往往最直接地表现在衣着打扮上。应试者参加面试时的着装应做到整洁、大方，符合职业形象；要做到服饰得体，仪表整洁，搭配协调。应聘不同岗位时，衣着应与之适合，尽管没有成文规定某种职业的穿着标准，但人们的心理上存在着各种各样的模式化思维，不同的职业对人的要求是有差异的，而这种差异同样体现在穿着上。观察一下，就可发现，从事不同职业的人一般有着不同的穿着特点。根据所应聘的工作性质和类型，确定自己的穿着，这是一个较稳妥的做法。例如，应聘车间里搞安装之类的具体操作岗位，应穿朴素

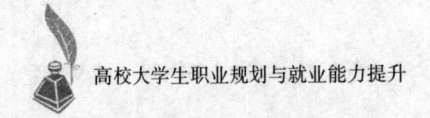

一点；去广告公司应聘，则不应穿古板落俗的衣服；若从事比较活泼的行业，如营销，则上衣与搭配的裙子或长裤未必要同色，也可以有些图案。具体来说，应试者的衣着服饰要注意以下几个方面。

女生忌讳穿花花绿绿的衣服，避开大红、橙色或粉红、粉紫等颜色。对于在校学生来说，不一定要穿名牌，但一定要干净整洁。

男生要以整洁、干练为好，首选西装。西装最好是深色，领带花色一定要与西装相配；衬衫最好选择没有格子和条纹的白色、浅蓝色；袜子颜色一般不要比裤子浅。

皮鞋的鞋底、鞋面及侧面要保持清洁，鞋面要刷亮，鞋带要系牢。款式要简洁大方，女生不宜穿鞋跟过高的鞋子。

（2）化妆与发型

化妆与发型也很重要。面试前，应整理仪容，头发清洗干净，梳理整齐。头发不要染鲜艳的颜色。男生胡子要刮干净，不要留长发。不要喷过多的香水，淡淡的清香容易让人产生愉快的感觉。指甲要修剪整齐，保持干净。女生不要浓妆艳抹，妆容以自然、健康为标准。

2. 举止得体

举止是无声的语言，通过人的表情、姿势、动作表现出来。它是一个人是否具有修养的表现。面试时应注意以下十一个方面。

（1）进门要敲门

轮到你面试时，应在面试室外轻轻敲门（面试室的门一般是关着的），得到许可后方可进入面试室。注意敲门不可用力太大，也不可未进门先将头伸进去张望一下再进门,更不可大大咧咧地直接推门而入。进门后,应轻轻地转过身去关上门。

(2)进门时应先打招呼

进门时可点头微笑,也可问候,如"上午好"或"下午好"、"各位领导好"。在对方没有请你坐下时,不要急于坐下,应等对方邀请后表示感谢再坐下。若主考官没有主动与你握手,你也不要主动去与主考官握手。有礼貌地告诉主考官自己是谁。要举止大方,神态自然。

(3)精神集中

回答问题时精神集中,力求给对方以诚恳、沉稳、自信的印象。老老实实讲出自己能做什么,不能做什么,切忌含糊其词。根据听者的反应适时调整自己的语言表达方式,冷静地保持不卑不亢的风度。

在语言方面,应试者谈话的内容和说话的方式同等重要。只要讲话条理清楚,并通过表情、语调、声音等诸方面的配合,传达出自己真诚、乐观、热情、大方的态度,就会收到良好的效果。

(4)微笑待人

微笑是一个无言的答语,它表示欣赏对方的盛情,表示领略,表示歉意,也表示赞同。微笑待人是礼貌之花,是友谊之桥。初次见面,微微一笑可以解除精神和身体的紧张,给人以亲切自然的感觉。微笑是自信的象征,真诚的微笑是心理健康的表示或标志。面对消极防御和排斥他人的主考官,微微一笑可以使他解除戒备心理,使双方的心理距离迅速缩短。所以,求职时面带微笑会提高你求职的成功率。

(5)面试时的姿势

在面试时,良好的坐姿也是给主考官留下好印象的重要因素之一。正确的坐姿是：坐椅子时最好只坐三分之二，两腿自然并拢，手放在膝上，上身挺直，身体不要靠着椅背。正确的坐姿，让人见后觉得应试人精神振奋，朝气蓬勃。注意不要有小动作，如下意识地看手表（让主考官觉得你对面试或提问有些不耐烦）；或坐着时双腿叉开，摇晃不停；或跷二郎腿乱抖；或讲话时摇头晃脑；或不时用手掩口；或挠头摸耳；或不停地玩弄随身携带的小物件等。这些小动作很有可能会引起主考官的反感，毕竟在一个人的肢体语言中处处透露出这个人的修养和品行。

（6）注意目光的交流

眼睛是心灵的窗户，恰当的眼神能体现出应试者的智慧、自信和对公司的向往与热情。应试者应礼貌地正视主考官，但不要一直将目光盯着对方的眼睛，否则易给人咄咄逼人之感；正确的方法是把目光放在对方额头或鼻梁上方，保持目光的自然轻松、柔和，传达出你的真实思想，这样会让对方觉得你是在聚精会神地和他交流。当然，注视的时间也不可过长，目光可3秒钟移动一下。但要注意细节，比如同时有几位主考官时，要均匀扫视，不能只看一位。

（7）认真地倾听

在面试过程中，不要轻易打断主考官的讲话，而且一定要认真倾听。如果有不清楚的地方必须提问的话，应很有礼貌地说："对不起，有个问题我还不太清楚，您可以再详细地讲讲吗？谢谢！"在自己介绍和听别人介绍的过程中，千万不要摆弄东西。

（8）适当记笔记

面试时，随身携带一个小笔记本。在主考官做介绍、回答应试者的问题以及强调某些事情时，应试者可以记一些笔记。记笔记不仅表明应试者在认真听，而且表明应试者对主考官的尊重和对面试的重视。

（9）留意主考官的反应

面试中很重要的一点是把握谈话的气氛和时机，这就需要应试者随时注意观察面试官的反应。如果面试官的眼神或表情显示对某个话题失去了兴趣，应试者就应该马上结束这个话题。

（10）在语言方面还应注意的问题

第一，讲话时不可有太多的手势语或口头禅，让人看了或听了不舒服。

第二，讲话时普通话应力求标准，不可讲错字或念错音，方言最好不用，以不疾不徐的说话速度，清晰而沉着地表达自己的意见，展现全然的自信。若是涉外单位，还应做好用英语面试交谈的准备。

第三，讲话时不可以自负的方式、语气说话，即话不能说得太满，当然也不必过于谦虚。

（11）面试结束

当主考官示意面试结束时，应微笑起立，感谢用人单位给予你面试的机会，然后道"再见"，没有必要握手（除非主考人员主动伸出手来）。如果你进入面试室时有人接待或引导你，离开时也应一并向其致谢、告辞。

第八章 大学生就业权益维护

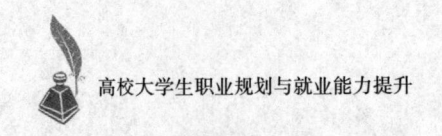

第一节　就业协议的生效与约束

就业协议书是普通高等学校毕业生和用人单位在正式确立劳动人事关系前，经双向选择，在规定期限内就确立就业关系、明确双方权利和义务而达成的书面协议；是用人单位确认毕业生相关信息真实可靠以及接受毕业生的重要凭据。其作用主要有两个方面：一是作为毕业生落实用人单位，用人单位同意接收毕业生的主要依据，也是毕业生就业主管部门编制毕业生就业计划、学校制订毕业生就业方案的重要依据之一；二是毕业生落实用人单位后，与用人单位订立毕业生就业协议，可以杜绝用人单位和毕业生在双向选择过程中的随意性，以保护双方的权益，避免给制订毕业生就业计划带来混乱。

1. 签订就业协议书的原则

（1）主体合法原则

即签订就业协议书的当事人必须具备合法的主体资格。对毕业生而言,就是必须取得毕业资格,如果学生在派遣时未取得毕业资格,用人单位可以不予接收而且无须承担法律责任。对用人单位而言,应有录用毕业生计划和录用自主权,否则毕业生可解除协议而且无须承担违约责任。对学校而言,学校根据用人单位的要求如实介绍毕业生的在校表现,也应如实将所掌握的用人单位的信息发布给毕业生。学校在毕业生签订就业协议书的过程中应进行监督和指导。

(2)平等协商原则

就业协议的双方在签订就业协议时的法律地位是平等的,任何一方都不得将自己的意志强加给对方,双方当事人的权利、义务应是一致的。除协议书规定内容外,双方如有其他约定事项可在协议书"备注"栏中加以补充确定。

2. 就业协议书的内容

(1)毕业生情况及意见

这项内容是由毕业生本人填写。毕业生情况包括姓名、性别、年龄、民族、政治面貌、培养方式、健康状况、专业、学制、学历和家庭地址。在毕业生的意见一栏中,由毕业生填写自己的应聘意见。

(2)用人单位情况及意见

这项内容由用人单位填写。用人单位的情况包括单位名称、单位隶属、联系人、联系电话、邮政编码、通信地址、所有制性质、单位性质、档案转寄详细地址。在用人单位意见一栏中包括两方面内容:用人单位的意见和用人单位上级主管部门的意见。这是因为有的用人单位没有人事权需上级主管部门审批同意,还有的用人单位虽然可以自主录用毕业生,但

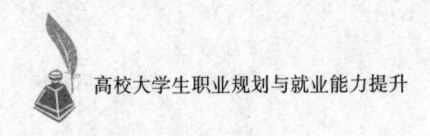

毕业生户口关系需经上级主管审核后，才可以办理有关手续。

（3）学校意见

学校意见分两方面内容：班级意见和学校毕业生就业部门意见。班级意见主要是基层意见，这是对毕业生就业去向的初审。学校毕业生就业部门意见是代表学校的最终审核。另外，学校应给用人单位留有联系办法，主要有学校联系人、联系电话、邮政编码、学校通信地址等。

（4）协议书中违约条款

协议书中违约条款、双方的约定承诺，一定要小心谨慎地阅读和遵守。

3. 签订就业协议书应注意的问题

（1）就业协议书一律使用原件

每一位毕业生都只有一份就业协议书，签订就业协议书必须使用原件，复印件是无效的，如果丢失应向就业主管部门按照程序重新申请补办。

（2）查明用人单位主体资格

就业协议双方的资格是否合格是协议书是否具有法律效力的前提（这里主要是指用人单位的资格）。用人单位，不管是机关、事业单位还是企业（不包括私营企业），必须有招用劳动者的自主权力。如果其本身不具备用工资格，则必须经其具有招用劳动者权力的上级主管部门批准同意。因此，毕业生签约前，一定要先审查用人单位的主体资格。

（3）签订就业协议书的程序

毕业生和用人单位经协商一致，签约时要注意完整地履行手续。首先，毕业生要签名并写清签字时间。其次，用人单位以及其上级主管部门必须加盖单位公章并注明时间，不能用个人签字代替单位公章。最后，毕业生和用人单位签字后需将协议书交给学校毕业生分配主管部门履行相关手续，以便及时制订就业计划和顺利派遣。

（4）写明违约责任

违约责任是指协议当事人因过错而不履行或不完全履行协议规定的义务应承担的法律责任，它是保证协议履行的有效手段。鉴于实践中毕业生及用人单位违约率有所增加的状况，协议书中违约条款就显得更为重要。因此，在协议内容中，应详细表述当事人双方的违约情形及违约后应负的责任，同时还应写明当事人违约后通过何种方式、何种途径来承担责任。这样才能更有利于当事人双方履行协议，也有利于违约纠纷的解决。

4.就业协议书的解除

（1）无效协议

无效协议是指欠缺就业协议的有效要件或违反就业协议订立的原则从而不发生法律效力。无效协议自订立之日起无效。

采取欺骗等违法手段签订的就业协议无效。如用人单位未如实介绍本单位情况，根本无录用计划而与毕业生签订就业协议。

（2）就业协议的解除

就业协议的解除分为单方解除和双方解除。

①单方解除，包括单方擅自解除和单方依法或依协议解除。

单方擅自解除协议属违约行为，解约方应对另一方承担违约责任。

单方依法或依协议解除，是指一方解除就业协议有法律上或协议上的依据，如学生未取得毕业资格、未通过用人单位组织的考试等，用人单位有权解除协议。此类单方解除，解除方无须对另一方承担法律责任。

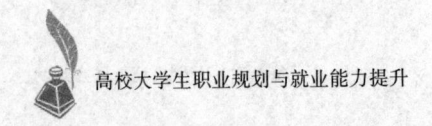

②双方解除是指毕业生、用人单位经协商一致，解除原订立的协议，使协议不发生法律效力。此类解除因是双方当事人真实意思表示一致的体现，双方均不承担法律责任。

第二节　劳动合同

1. 劳动合同的概念

劳动合同是求职者和用人单位建立劳动关系的凭证，是确立劳动法律关系的形式，是调整劳动关系的手段，也是处理劳动争议的重要依据。准确地说，劳动合同是求职者与用人单位确立劳动关系、明确双方权利和义务的协议。在劳动合同中，求职者和用人单位是平等的合同主体，因此，双方订立劳动合同应当平等、自愿、协商一致。

2. 劳动合同的主要内容

用人单位自用人之日起即与劳动者建立了劳动关系。劳动合同是劳动者与用人单位确立劳动关系、明确双方权利和义务的协议，也是维护劳动者和用人单位合法权益的保障。劳动合同应当具备以下八个方面的内容。

①劳动合同期限。劳动合同期限指劳动合同效力所及的时间长度，即劳动合同的有效期限。

②工作内容。工作内容指劳动法律关系所指向的对象，即劳动者具体所从事劳动的种类和内容。

③劳动条件。劳动条件指用人单位对劳动者从事某项劳动提供的必要条件，包括劳动保护条件和其他劳动条件。前者指用人单位为了防止劳动过程中的事故，保障劳动者的生命安全和健康而采取的各种措施，后者主要指用人单位为使劳动者顺利完成劳动合同约定的工作任务，为劳动者提供的必要的物质和技术条件。

④劳动报酬。劳动报酬指劳动者与用人单位确定劳动关系后，因提供了劳动而取得的报酬，包括工资、奖金和津贴的数额或计算办法。

⑤社会保险。社会保险是一种为丧失劳动能力、暂时失去劳动岗位或因健康原因造成损失的人口提供收入或补偿的一种社会和经济制度。我国的社会保险的主要项目包括养老保险、医疗保险、失业保险、工伤保险、生育保险。

⑥劳动纪律。劳动纪律指劳动者在劳动过程中必须遵守的劳动规则和秩序。如果劳动者违反劳动纪律，用人单位可以根据其违反纪律的严重程度给予相应的行政处分或处罚。用人单位的内部劳动规则不得与法律、行政法规的规定相悖，否则为无效规定，不具有拘束劳动者的效力。

⑦劳动合同终止的条件。劳动合同法律关系终结和撤销的条件，分为法定终止的条件和约定终止的条件。法定终止的条件是指法律直接规定劳动合同终止的情形；约定终止的条件是指劳动合同双方当事人约定劳动合同终止的情形。一旦合同终止情形出现，劳动合同即行终止。约定终止条件的内容不得违反国家法律和社会公共利益。

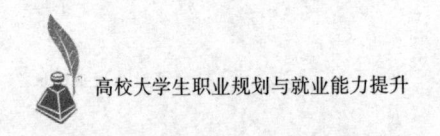

⑧违反劳动合同的责任。违反劳动合同的责任是指违反劳动合同约定的义务所应当承担的法律责任。

除了上述八项条款外，用人单位和劳动者还可以约定以下几个方面的内容：试用期、培训、保守商业秘密、补充保险和福利待遇以及其他经双方当事人协商一致的事项等。

3. 大学毕业生如何签订劳动合同

签定劳动合同是求职过程中的最后一个阶段，也是整个求职过程的重中之重。劳动合同签订后，求职阶段虽然告一段落，但依法签订劳动合同会在合同有效期内约束对方。毕业生应该学会签订劳动合同方面的知识。

（1）签订劳动合同前要做到的四点

①要敢多提一些问题。为了了解更多的情况，求职者应利用应聘机会，对招聘单位多提问题，为寻求一份理想的工作提供全面的参考。现在很多求职者在应聘时仅留下一份个人求职材料，对有关劳动合同签订的问题不闻不问、一无所知，经过考试或筛选后才想起有关签订劳动合同的问题，这样既影响了对求职机会的把握，同时也浪费了时间。

②要求签订书面合同。许多劳动纠纷都是因为没有签订劳动合同或是劳动合同的内容不详细、不合理而引发的，不要为了图省事而忽略了劳动合同的签订。现在，很多用人单位，尤其是民营、私营企业都存在规模不大、资金紧缺的问题，同时又要面对技术和产品更新速度快、竞争激烈的现状，有些企业并不乐意与新聘的员工签订书面形式的劳动合同。

③要仔细阅览合同范本。通过对劳动合同范本的阅览，求职者既可以

看出用人单位的管理是否规范，同时也是对自己负责的一种表现。对用人单位出示的劳动合同范本，要浏览其内容，对有疑问的地方，要询问招聘单位；对不愿意接受的条款，要向招聘单位提出修改的意见，以确定是否应聘这份工作。

④做到不签合同不试用。按照《劳动法》的规定，劳动合同中可以约定试用期（试用期最长不得超过6个月），但试用期应当包含于劳动合同期限内。部分用人单位为了节省开支和逃避义务，利用求职者无知和求职心切的心态，不与求职者签订正式的劳动合同。试用期一到，用人单位就以试用不合格为由，辞退这批员工，再去招聘新员工，求职者被欺骗却又无可奈何。

（2）在签订劳动合同时应注意的事项

①劳动合同中必须明确规定劳动合同期限、工作内容和工作时间、劳动保护和劳动条件、劳动报酬、劳动纪律和违反劳动合同的责任等内容。劳动者在签订劳动合同时，对以上各条要做到尽可能详细、具体，比如劳动报酬，一定要写明工资支付标准、支付项目、支付形式以及支付时间等内容，以便将来发生劳动争议时能够有效维护自己的合法权益。

②签订劳动合同前，要仔细阅读关于相关岗位的工作说明书、劳动纪律、工资支付规定、劳动合同管理细则等规章制度，因为这些文件涉及劳动者多方面的权益，当这些文件作为劳动合同附件时，与劳动合同具有同样的法律约束力。

③劳动合同至少一式两份，双方各执一份，劳动者应妥善保管。如果用人单位事先起草了劳动合同文本，劳动者在签字时一定要慎重，对文本仔细推敲，发现条款表述不清、概念模糊的，及时要求用人单位进行说明修订。为稳妥起见，劳动者在签订劳动合同前，也可以向有关部门或公共

职业介绍机构进行咨询,确认合同相关内容的合法性、公平性。需要特别注意的是,当劳动合同涉及数字时,应当使用大写汉字。

④劳动者在签订劳动合同时应注意不要签订下面五种合同。

口头合同。有的企业不以书面形式与劳动者订立合同,只是口头约定工资、工时等,一旦发生纠纷,双方各执一词,由于缺乏书面文字证据,劳动者往往有口难辩。

生死合同。一些危险性行业企业不按劳动法的有关规定履行安全卫生义务,在签订合同时要求与劳动者约定"工伤概不负责"等条款来逃避责任。对这种情况,劳动者可以要求用人单位取消这些条款;如果协商不成,一旦发生事故,劳动者可以申请劳动仲裁委员会或人民法院确认这些条款无效。

"两张皮"合同。有的用人单位害怕劳动保障主管部门监督,往往与应聘方签订两份合同,一份用来应付检查,另一份合同才是真正履行的合同,而这份合同往往是只利于用人单位的不平等合同。

押金合同。一些用人单位利用劳动者求职心切的心理,在签订合同时收取押金、保证金等名目众多的费用,劳动者稍有违反管理的行为,用人单位即"合法"扣留这部分押金。这类合同是法律明文禁止的,劳动者可以拒绝;实在无法拒绝,也一定要保留好收据,以备将来维护自己的权利时作为证据。

卖身合同。一些用人单位与劳动者在合同中约定"一切行动听从用人单位安排",一旦签订,就如同卖身一样完全失去行动自由。在工作中加班加点、强迫劳动,甚至任意侮辱、体罚和拘禁劳动者。遇到这种情况时,不能忍气吞声,要及时向劳动保障监察部门或公安机关投诉举报,维护自己的合法权益。

第三节 劳动争议及其处理

1. 劳动争议的概念

（1）劳动争议简介

劳动争议，是指劳动关系当事人之间因劳动的权利与义务发生分歧而引起的争议，又称"劳动纠纷"。其中有的属于既定权利的争议，即因适用劳动法和劳动合同、集体合同的既定内容而发生的争议；有的属于要求新的权利而出现的争议，是因制定或变更劳动条件而发生的争议。

劳动纠纷是现实中较为常见的纠纷。国家机关、企事业单位、社会团体等用人单位与职工建立劳动关系后，一般都能相互合作，认真履行劳动合同。但由于各种原因，双方之间产生纠纷也是难以避免的事情。劳动纠纷的发生，不仅使正常的劳动关系得不到维护，还会使劳动者的合法利益受到损害，不利于社会的稳定。因此，应当正确把握劳动纠纷的特点，积极预防劳动纠纷的发生。

劳动争议的当事人是指劳动关系当事人双方——职工和用人单位（包

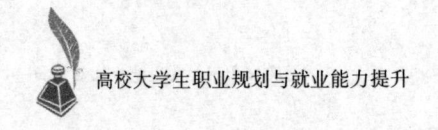

括自然人、法人和具有经营权的用人单位），即劳动法律关系中权利的享有者和义务的承担者。

（2）劳动争议的范围和标准

①劳动争议的范围：劳动争议的范围在不同的国家有不同的规定。根据《中华人民共和国劳动争议调解仲裁法》第二条规定，劳动争议的范围如下：

因确认劳动关系发生的争议；

因订立、履行、变更、解除和终止劳动合同发生的争议；

因除名、辞退和辞职、离职发生的争议；

因工作时间、休息休假、社会保险、福利、培训以及劳动保护发生的争议；

因劳动报酬、工伤医疗费、经济补偿或者赔偿金等发生的争议；

法律、法规规定的其他劳动争议。

②标准：劳动争议按照不同的标准，可划分为以下三种。

按照劳动争议当事人人数多少的不同，可分为个人劳动争议和集体劳动争议。个人劳动争议是指劳动者个人与用人单位发生的劳动争议；集体劳动争议是指劳动者一方当事人在3人以上，有共同理由的劳动争议。

按照劳动争议的内容，可分为因履行劳动合同发生的争议；因履行集体合同发生的争议；因企业开除、除名、辞退职工和职工辞职、自动离职发生的争议；因执行国家有关工作时间和休息休假、工资、保险、福利、培训、劳动保护的规定发生的争议等。

按照当事人国籍的不同，可分为国内劳动争议与涉外劳动争议。国内劳动争议是指中国的用人单位与具有中国国籍的劳动者之间发生的劳动争议；涉外劳动争议是指具有涉外因素的劳动争议，包括中国在国（境）外设立的机构与中国派往该机构工作的人员之间发生的劳动争议、外商投资企业的用人单位与劳动者之间发生的劳动争议。

2. 劳动争议处理方法

劳动争议一般有四个处理方法：协商（和解）、调解、仲裁、诉讼。

（1）协商

发生劳动争议，劳动者可以与用人单位协商，也可以请工会或者第三方共同与用人单位协商，达成和解协议。劳动争议在仲裁或诉讼过程中，劳动者与用人单位也可以自行和解。协议达成的，可以撤回仲裁申请或诉讼。

（2）调解

调解委员会由劳动者代表和企业代表组成，人数由双方协商确定，双方人数应当对等。劳动者代表由工会委员会成员担任或者由全体劳动者推举产生，企业代表由企业负责人指定。调解委员会主任由工会委员会成员或者双方推举的人员担任。发生劳动争议，当事人没有提出调解申请，调解委员会可以在征得双方当事人同意后主动调解。调解协议书由双方当事人签名或者盖章，经调解员签名并加盖调解委员会印章后生效。

（3）仲裁

不愿调解、十五日内未达成调解协议的或者一方当事人达成调解协议后在协议约定期限内不履行的，可以向劳动争议仲裁委员会申请仲裁。一般仲裁程序为提出仲裁申请—受理—通知当事人—调查取证—开庭审理—仲裁调解—裁决。

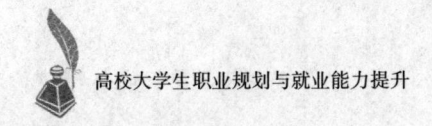

(4) 诉讼

诉讼程序是处理劳动争议的最后一道程序。起诉要件：对劳动争议仲裁委员会不予受理，或者逾期未做出决定的申请人可以就该劳动争议事项向人民法院提起诉讼；对仲裁裁决不服的，自收到裁决书之日起十五日内，可以向人民法院提起诉讼。劳动争议案件由人民法院民事审判庭依《中华人民共和国民事诉讼法》进行审理。立案之日起六个月内审结。

第九章 职业角色转化与适应

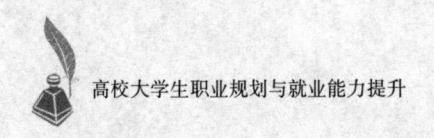

第一节　角色转换与角色认知

每一位即将或刚刚开始工作的大学毕业生都希望自己能够在崭新的工作岗位上很快就有优秀的表现，做出自己的一番事业与成就。但是我们所看到的更多现实情况是，很多大学生会发现自己不能很好地适应与大学生活截然不同的全新环境，不能很好地融入组织，以致工作难以开展。其实，这些问题的出现都与毕业生的角色转换有关，只有真正认识到自己已经不再是一名生活在象牙塔中的学生，重新对自己进行正确的定位，并且了解作为一名职业人应当做什么和怎样做，才能在新的生活中很好地立足与发展。

1. 学生角色与职业角色的区别

学生角色与职业角色的区别有以下五个方面。

（1）活动方式不同

学生主要以学习书本知识为日常活动。作为受教育者，其认识社会的途径是间接的,认识的内容主要也是理论性的。同时,由于在校期间,学生更多的是接受外界的帮助,缺乏自主能力。因此,当他们进入社会时需要有一个职业的转变。而社会职业角色则不同,它要求运用自己掌握的知识和能力,通过具体的工作向外界提供自己的劳动。同时,在遵纪守法和遵守用人单位规章制度的前提下,职业角色在生活上也有较大的自由度。

(2)社会责任不同

社会角色的义务,就是指角色的社会责任。学生角色的主要责任是学好科学文化知识,掌握社会生活的基本技能,逐步完善自己,以便将来为社会服务,实现自己的人生价值。

而职业角色的责任则是,以特定的身份去履行自己的职责,依靠自己所掌握的知识或技能去创造社会效益和经济效益。两种不同角色分别承担着两种不同的责任。学生角色责任的履行,主要关系到学生本人知识掌握的多少和能力培养的程度。职业角色责任的履行则影响非常大,不仅影响着个人价值的实现,还会影响到企业、行业的声音。例如,作为一名医生,如果医术精湛、医德高尚,能充分履行自己的职责,不仅能为医生树立风范,而且会给所在的医院带来声誉;反之,则会损害医疗工作者和医院的形象。

由此可见,从学生到职业人员的角色转变,角色所担任的社会责任增强,社会对职业人员的责任心有着更高的要求。刚刚走出校门的大学生往往不能适应这种转换,就说明他们还没有认识到自己的角色已经发生了转变,更没有意识到自己所负担的社会责任也增强了。

(3)社会权利不同

学生角色的权利,主要是依法接受教育,并取得家庭或社会的经济资助。而职业角色的权利,则是在开展工作的过程中依法行使职权,并在履

181

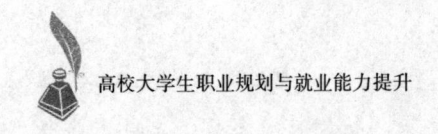

行义务的同时获取报酬和其他相应的社会福利待遇。

（4）社会规范不同

角色规范是对角色扮演者的行为规定。对于不同的社会角色，会有不同的规范和要求。

学生角色是从教育和培养的角度出发规范学生的行为，如通过制定学籍管理条例、学生生活管理条例等规章制度，对学生的学习和生活提出相应的要求，以引导学生健康成长，使其日后成为社会主义合格的建设者和接班人。

社会职业角色，是对从业者行为模式的规范，因为职业的不同而千差万别。这些模式既具体又严格，一旦违背就必须承担责任，甚至追究法律责任。

（5）全面独立的要求

从学生到职业人员的角色转换，对其独立性要求也相应有了提高。在学生时代，学生在经济上主要依靠家庭的资助；在生活上依赖家长的关照；在学业上习惯了老师的指导，总是处在被人扶助的环境之中。毕业后离开学校，社会需要青年学会依靠自身力量，也为青年的发展和自身完善提供了更广阔的空间和自由度。

2. 角色转换的途径与方法

许多毕业生走上岗位以后，会产生对新环境的诸多不适应，主要表现在心理上、生活上、工作上、人际关系上和工作技能上的不适应。任何人对环境都有一个适应过程，怎样才能尽快适应新环境呢？

（1）要有良好的心态和心理承受能力

社会与学校相比，生活环境、工作条件、人际关系都有着很大的变化，难免使那些心存幻想、踌躇满志的毕业生产生心理反差。大学生血气方刚、热情奔放，希望自己处处表现出色，但往往事与愿违，他们难免会倍感失落、郁闷。这时，具备良好的心态和心理承受能力就很重要了，大学生们应抱着谦虚好学的态度，从基础做起逐步获得领导和同事的认可。

（2）增强独立生活能力

过去经济上靠父母资助，生活上有学院管理，学业上有老师指教；参加工作后，往往要自己处理衣、食、住、行等全部事务，一切靠自理、自立，这是毕业生无法回避的一种能力训练。只有学会主动调节生活节奏，养成良好的生活习惯，合理安排自己的业余生活，才能适应新环境。

（3）建立良好的人际关系

学生走向社会，到了一个新的单位，往往会遇到各种各样的难题，需要同事们的配合和支持。毕业生们进入新单位后要建立和谐的人际关系，做到少说多观察。良好的人际关系会缩短职业适应期，减轻工作难度和心理负担。因此，掌握处理人际关系的技巧，建立良好的人际关系是适应环境的关键。走上工作岗位后，人际交往能力的发挥是适应环境的关键。毕业生应放下架子去和周围的同事、领导交流思想感情，热心地和他们交朋友。不善于与人交往，难以沟通，难免将自己封闭起来，以致带来诸多烦恼与痛苦。

（4）培养应对挫折能力

首先，以平静的心态笑对挫折，保持一颗上进心和良好的心情，抓住机会展现自身才能。其次，以正确的态度分析挫折，借挫折来磨炼自己的意志品质，强化自己的心理承受能力。最后，遭受挫折时应该首先想到依靠自身的努力摆脱困境，以坚强的意志战胜挫折。

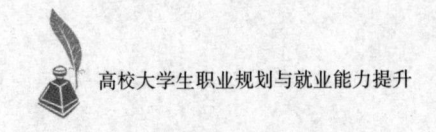

（5）增强角色意识

社会好比一个大舞台，每个人都有自己的角色位置。毕业生进入新单位后，首先应认清自己在工作环境中所承担的工作角色以及这个角色的性质、职责范围，弄清楚工作关系中上级赋予自己的职权和自己应承担的义务。如果角色意识淡漠，一意孤行，我行我素，该请示的擅自做主，该自己处理的事情不敢做主或推给上司、同事，势必与新环境格格不入。

（6）加强继续学习，完善知识结构

刚步入社会的大学生，要使自己胜任工作、适应环境必须不断学习新知识，完善自己的知识结构，不断地接受职业继续教育。接受职业继续教育指的不单是行业内容的知识和技能，还要了解相关行业的知识和技能。同时，还要通过各种有效的学习途径提升自己的综合能力。

3. 角色转换过程中应该注意的问题

个体的社会角色发生变化时，新旧角色转换过程必然伴随着不同角色之间的相互冲突。这种角色冲突是普遍存在的，因此，在学生角色转换为职业角色时也不可避免地会出现各种各样的问题。

（1）依赖他人心理

在职业生涯开始之初，许多人常常会自觉或者不自觉地置身于学生角色中，以学生角色的社会义务和社会规范来要求自己、对待工作，以学生角色的习惯方式来待人接物，观察和分析事物。

（2）自负或自卑心理

一些毕业生则是对自我的认知存在偏差，认为自己接受了多年高等教育，应该在各方面都具有良好的条件，因而盲目自信。这种心态很容易使毕业生进入职场后出现纸上谈兵、眼高手低的尴尬。

很多毕业生在初进职场的阶段，因为不知如何适应新的工作环境，会表现得怯懦、自卑。

这些问题都反映了毕业生没能顺利地从学生角色转换为一个社会职业人的角色，这必然会对毕业生的职业适应能力和后期的职业发展造成各种不良影响。因此，在两种角色的过渡阶段，毕业生一定要谨慎对待，同时应采取必要的方法帮助自己平稳转换角色。

（3）浮躁心理

有些刚参加工作的毕业生往往弄不清楚自己在工作中真正需要什么和能做什么。因为毕业生在角色转换初期的浮躁，对工作的兴趣总是不能持久，并且习惯把这一问题推脱为他人的责任，而认识不到自己的问题所在。

第二节　适应社会，走向成功

1. 社会适应的定义

"社会适应"一词最早由赫伯特·斯宾塞提出，指个体逐渐地接受现有社会的道德规范与行为准则，对于环境中的社会刺激能够在规范允许的范围内做出反应的过程。社会适应对个体有着重要意义，如果一个人不能

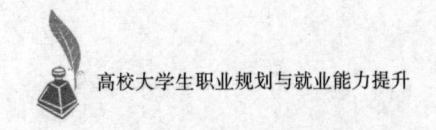

与社会取得一致，就会产生对所处环境中的一切格格不入的心理状态，久而久之，容易引起心理问题。人类对社会的适应可以通过语言、风俗、法律以及社会制度等的控制，使自己与社会相适应。

2. 社会适应的四个阶段

应当把作为过程的适应和作为结果的适应性，与适应过程的结果区分开来。在新的社会环境中个体的适应性通常划分为以下四个阶段。

初期阶段——当个体知道他在新环境中应该如何行动，但在自己意识中不承认新环境的价值，并可能拒不接受，仍然抱着原有的价值系统不放。

容忍阶段——个体和新的环境彼此对于价值系统与行为方式都表现出相互宽容的态度。

接纳阶段——在新的环境同时也承认个体的某些价值的情况下接受新环境中主要的价值系统。

同化阶段——个体与环境的价值系统完全一致。

3. 职业适应的概念

职业适应包括很多内容，但由于场合不同，可能会有不同的强调要点：工作效率、无事故倾向、最低能力和特性要求、熟悉工作速度、意愿适应、个人背景。职业适应，指的是大学生从学生角色到职业角色的过渡。学生角色是指在社会和家长的资助下，学习和拓宽知识面，培养职业素质，掌握职业技能，成为合格的高层次人才；职业角色是指在某一职业岗位上，依靠自身知识和技能并按照一定的规范具体地开展工作，履行岗位义务，获得相应的报酬并经济独立。

职业适应能力并非与生俱来，它既需要个人的天赋，更需要经过磨炼和学习获取经验。每个人的性格特点都有其独特的优势与缺陷，并非外向型就一定优于内向型。更为关键的是在实际工作岗位上的学习与方法。

（1）调整心态，积极应对

一般刚参加工作的大学毕业生，所从事的岗位都较为基层，和自己的理想存在一定落差。因此，需要做好充分的心理准备，除了要锻炼自己的抗压能力外，还要学会以适度的心态面对新环境。人在面对压力时，最好的解决方法就是尽快熟悉业务，在平凡、枯燥的工作中，寻找乐趣。如果职场中人，能在平凡工作岗位上激情不减，表现突出；能在压力下不屈不挠，努力工作，必将披荆斩棘，成绩斐然。

①保持好心态。毕业生刚进公司后，习惯用学生的眼光看待企业，对企业现状不满，接受不了企业的"条条框框"，没有耐心去适应企业。其实，每个企业都有优势和劣势，最重要的是学会适应新的环境，在和企业相互深入了解后，找到自己合适的位置。

②学习的心态。作为职场新人，面对上司、对待同事都要以向他人学习的态度进行沟通和交流。不要急功近利，更不能骄傲自满，多多观察和学习他人的经验，弥补自己的不足。

③乐观向上的心态。没有任何人的职场经历是一帆风顺的，对于刚刚毕业的大学生来说更是如此，只有经历了波折与风浪后，才会在以后的职业生涯中有更加优异的表现和发展。

（2）加强实践

在现实中，把工作经验看得比学历和学校更为重要的招聘单位并不在少数。对招聘单位的工作经验准入门槛"恨之切切"的应届大学生也不在

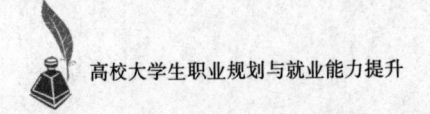

少数。事实上，大学毕业生无论是在学习期间，还是进入职场后，都会有大量的机会进一步加强自己的实践工作经验。

①实习期间。大学期间的实习是一个非常良好的桥梁，能够帮助大学生对社会和职业有一定的了解。同时，大学生也可以在实践中开阔视野，增长见识，为进一步走向社会打下坚实的基础。因此大学期间的实习期一定要认真对待，不要以为与真正工作不相干就马虎应付。事实上，很多用人单位在招聘时都会调查求职者在大学期间有过哪些见习和社会实践的经历，并从中学到什么。

②平时的学习。平时的学习也是增加工作经验的良好途径之一。很多大学生在毕业之前基本上都将自己封闭在一个独立于外界的真空室内，这无疑会影响用人单位对毕业生的评价。因此，大学生在踏入社会之前，应该主动了解和认识社会环境，多参加社会活动，积累更多经验，为提升职业适应性打下基础。

第三节　新工作岗位的注意事项

大学生到了新工作岗位要注意以下事项。

1. 放下身子，从小事做起

大多数大学生在工作前都有美好的理想和雄心壮志，但到单位，发现有的专业不对口，用非所学，有的只是从事烦琐或没有技术含量的简单劳动，枯燥无味，根本不能发挥自己的才能，感觉埋没了自己。从满怀希望变为失去信心这是很正常的，也是可以理解的，但目前必须面对现实，扑下身子，从小事做起，这样有利于自己的成长，也会改变同事和领导对自己的看法，走好了这一步，今后的路会走得更快、更顺、更好。

2. 勇于奉献，礼貌待人，乐观处事

刚工作，最好不要多讲条件，要勇于奉献，不要怕吃苦，不要怕吃亏，要乐观地对待失败和挫折，不断总结经验，吸取教训，使自己成熟、长大，要礼貌待人，学会宽容和忍让，使自己心胸豁达，富有涵养。这对塑造自己的人格和以后的发展都大有益处，也是练好"内功"的基础。

3. 树立全局意识、搞好团队合作

全局意识，是单位每个员工都必须具备和服从的基本理念，一切为大局着想，在搞好团队合作的前提下，充分发挥个人的作用，不要不顾大局，不搞合作，过分突出和表现自己。如果这样做的新员工就会成为个人英雄主义者，甚至被非议和孤立，也不可能做出很大的成绩。只有树立全局意识，努力搞好团队合作，才是个人走向成功的保障和基石。

第十章 大学生职业设计与自主创业

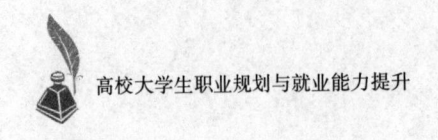

第一节 大学生职业设计

1. 职业设计的内涵和意义

（1）职业设计的内涵

要想了解什么是职业设计，首先我们要知道什么是设计。设计是把一种设想，通过合理的规划、周密的计划，通过各种感觉形式传达出来的过程。大学生的职业设计就是在自身世界观、人生观、价值观的影响下，对其一生中所承担职务的相继历程的预期和计划，把对未来所要做的职业和事业目标、职业的发展进行策划和准备，包括一个人的学习与成长目标，阶段性或长期职业目标及对这个目标要达到的生产性贡献和成就，从而确定适合个体的发展道路和将要进行的调整与各项准备等。

（2）职业设计的意义

近年来，高等教育人才培养体制和就业体制发生了巨大的变化，大学毕业生总量迅速增加，无形中给大学生就业增加了困难。如果没有对自己职业的设计进行理性的思考，无论是大学生还是研究生，都很难开始就获得一份适合自身发展的职业生涯设计。

俗话说："没有设计就不能施工；没有正确的勘测，就不能有正确的设计。"职业设计是对一个人未来在职业岗位上工作和发展的整体策划，通过职业设计可帮助个体更好地发挥其潜力，以免造成混乱和困惑，可使职业生活更加顺畅。大学生职业设计具有如下意义。

首先，通过职业生涯设计可以分析自我，有助于帮助自己确定职业发展目标。通过分析，以既有的成就为基础，认识自己、了解自己，估计自己的能力、智慧以及性格，从而可以正确设定自己的职业发展目标，确立人生的方向，并制订行动计划，提供奋斗的策略，使自己的才能得到充分发挥，以实现职业发展目标。

其次，通过职业设计，可以找出自己的特点，知道自己的优缺点，可以准确评价个人特点和强项，然后通过反思和学习，不断完善自己使个人价值增值。

最后，通过职业设计能有助于自己集中精力，满腔热情地全神贯注于完成自己既定的目标。这样有助于一个人发挥尽可能大的潜力和个人特长并且会实现目标的成功。职业生涯规划更有助于评估目前的工作成绩。

2. 职业设计的原则

职业设计对一个人职业生涯的发展有着至关重要的作用，甚至起到决定性作用，大学生应该高度重视自身的职业设计。大学生在制定自己职业设计的时候要注意以下原则。

第一，要明确自己的兴趣爱好，即清楚自己想要什么。如果一个人对自己的工作是热爱的，他就会全身心投入这份工作，并且乐在其中，也更

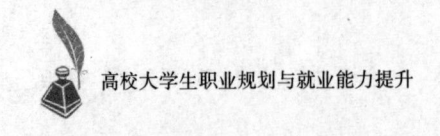

容易在这个工作岗位上做出一番成绩，更容易取得成功。

第二，选择职业时要在自己擅长的领域从事工作，发挥出自身优势，这样会更有成就感，也更容易成功。

第三，要具备社会责任感。在做职业设计时，所选择的职业应是被社会需要的，有利于社会发展的，这样才有意义；职业的选择应该是将自身发展和职业相结合，这样才能发挥各自优势，取得互补效果。

职业设计对我们具有重要意义，我们该如何来进行职业设计呢？

步骤一：分析并评估自己。

职业设计的重要前提是自我认识，必须是在充分且正确地认识自身条件的基础上，明确自己的性格、兴趣、智商、情商，既要分析自己的优势，也要认识到不足，通过审视自己、认识自己、了解自己并做自我评估，才能产生有效、理想的职业设计。

步骤二：明确目标。

目标为努力提供方向，职业目标的确立是职业设计的核心，包括人生目标、长期目标、中期目标和短期目标的制定。它们分别与人生规划、长期规划、中期规划和短期规划相对应。人生目标、长期目标要尽可能远大，要与社会发展相一致，不能鼠目寸光，要有前瞻性。

步骤三：制订职业发展计划的方案。

我们在确定好自己的人生目标后，应把目标转化成具体、合理的方案和措施加以实施。这些方案和措施包括职业生涯发展路线、教育培训计划、实践计划等。对于大学生而言，首先要建立一个扎实、宽泛的知识结构，这种结构需要以专业知识为核心，以基础知识和一般知识为支撑。其次要培养职业所需的技能和能力，以及社会实践能力，可以在校园参加职业训练相关的比赛、活动，参加各种志愿者活动等。

步骤四：实施、评估与调整。

目标是否合理，计划是否有效，要看实际的实施情况。通过实施，发现目标中不够合理的地方。此外，学生个人和社会都是不断变化的，学生正处于成长期，其人生观、价值观、性格、能力、兴趣、认知等都不是一成不变的，社会经济、政治、文化也同样处于发展变化中，因此，学生要评估这些变化因素，适时地对生涯目标、发展计划做出调整。

3. 大学生进行合理有效职业选择的对策建议

大学生应该有明确的人生价值观，并用其指导自己的职业选择。有个别高校学生受拜金主义、享乐主义、功利主义等不良社会风气的影响，这些都会影响大学生主观能动性的发挥。

（1）参加职业测评或相关的教育培训

由于部分大学生一直待在校园里"两耳不闻窗外事，一心只读圣贤书"，长期的校园生活导致他们对社会、职场了解较少，社会阅历、经验、能力等各方面不足，对将来的职业设计等相关情况脑袋是一片空白，因此在做职业选择时可咨询家长、老师的建议。尤其是可以找专家或专业人士、教育培训机构咨询，帮助其进行设计。这些机构有一定的职业测评细则或标准，虽然不那么准确，但可以参考，打开思路，可以探路。在进入职场之前进行测评有助于引导大学生们选择较合适的职业。大学生们可根据专家们的建议和看法再综合研判设计自己的职业。

（2）实事求是，紧密结合实际情况

作为未来社会的接班人，当代大学生应该实事求是，紧密结合实际情况来进行自己的职业设计。大学生们要真正明白自己的优势、劣势，要分

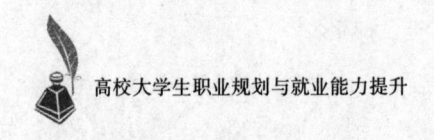

清自己的兴趣、性格、能力等，要在对这些方面有了正确、全面的把握的情况下进行职业设计，既要避免太难太不切实际的设计，也要避免太简单太易实现的设计。

第二节　大学生自主创业

1. 大学生自主创业的现状分析

（1）创业热情高涨，但能力不足且资金短缺

虽然部分大学生群体具有创新创业意识，但是存在明显的盲目跟风倾向，创业热情有余但理性不足。另外，当前我国大学生创新创业的集资途径较少，大学生群体创业种子基金主要获取渠道为父母以及商业贷款，然而基于现实情况来说，项目初创期无法引入风险投资，且短期内银行政策支持力度无法满足创新创业项目的集资需求。

（2）没有树立正确的创业观

影响大学生创业的首要因素就是创业观。大学生缺乏对于自己专业的深入了解，没有对自己的将来做系统的规划，也自然没有树立正确的就业观和创业观。

（3）学生的专业技能与水平不高

大学生奉行能力至上原则，从而忽视了自己专业技能的培养和个人业

务水平的提升，在创业中容易出现简单却无法解决的专业方面的问题，个人专业知识不够完善直接或间接地导致了高校大学生创业难。而有一大部分人对自己所学的专业不感兴趣，更是无心学习专业知识，导致学生的专业技能和水平不够好。所以，学生的专业技能与水平也是影响高校大学生创业的一大因素。

2. 大学生自主创业的优势

（1）大学生具有朝气蓬勃的敢拼精神

大学生最具有朝气，对未来充满希望，有着"初生牛犊不怕虎"的敢拼敢闯精神，没有那么多后顾之忧，有着强烈的挑战自我、实现自我的激情，并逐步演绎为创业过程中克服困难、百折不挠的精神动力，而这些都是一个创业者应该具备的特质。

（2）大学生具有较高的理论和技术的综合知识

在当今社会中，大学生在学校里经过系统培训学习，学到了很多理论性的东西，拥有知识、智力和活力都相对密集的优势。他们享受了专业领域的分工，具有较强的专业能力，知识资源成了大学生创业的最大优势。

（3）大学生具有诸多的创意

当今的大学生见多识广、思维活跃，再加上信息化时代，他们能接触到很多新事物，他们的思路活跃，有较强的领悟力和自主学习知识的能力，能将所学的知识很快内化为能力，外化为创造。他们善于联想，有着许多天马行空的创意想法。有创意就意味着有创新，有创新就有创造的可能性，有对传统观念和传统行业挑战的信心和欲望，而这种创新精神也往往造就了大学生创业的动力源泉，成为成功创业的精神基础。一个成功的创业者一定具有独立性、求异性、想象性、新颖性、灵感性、敏锐性等人格特质。因此，创意能力影响着创业实践的特质，是促使创业实践活动顺利进行的必要条件，主要包括在专业、经营管理等方面的创意，因此是创业基本素质的重要组成部分之一。大学生怀揣创业梦想，经过努力打拼，学以致用，就能够实现自己的理想，证明自己的价值。

（4）享有国家优惠政策和其他优势

大学生创业享有许多国家优惠政策，从政策到实际的支持力度非常大，许多地方政府也极其欢迎大学生创业。并且大学生创业可享受很多类似于税收减免等政策、学校提供的就业培训、社会服务机构的积极扶持等。同时，大学生还具有领导、组织、管理、策划、公关等方面的潜在特质，经过创业的体验，这些能力都将得到强化。

3. 大学生自主创业的优惠政策

近年来，大学生创业问题受到了社会各方面的广泛关注，为了激励大学生自主创业，不仅国家层面出台了许多创业扶持政策，各地政府为了吸引人才也出台了许多有针对性的利好政策，以给大学生提供一个良好的创业环境。下面简要介绍一下具体的优惠政策，但是大学生们在实际创业过程中应以创业所在地的当地政策为准。

（1）税收优惠

为鼓励高校毕业生自主创业，以创业带动就业，财政部、国家税务总局发出《关于支持和促进就业有关税收政策的通知》，明确自主创业的毕业生从毕业年度起可享受三年税收减免的优惠政策。其中，高校毕业生在校期间创业的，可向所在高校申领"高校毕业生自主创业证"；离校后创业的，可凭毕业证书直接向创业地县级以上人社部门申请核发"就业失业登记证"，作为享受政策的凭证。持人社部门核发"就业创业证"（注明"毕业年度内自主创业税收政策"）的高校毕业生在毕业年度内（指毕业所在自然年，即1月1日至12月31日）创办个体工商户、个人独资企业的，3年内按每户每年8000元为限额依次扣减其当年实际应缴纳的营业税、城市维护建设税、教育费附加和个人所得税。对高校毕业生创办的小型微利企业，按国家规定享受相关税收支持政策。

（2）创业担保贷款和贴息

对符合条件的大学生自主创业的，可在创业地按规定申请创业担保贷款，贷款额度为10万元。鼓励金融机构参照贷款基础利率，结合风险分担情况，合理确定贷款利率水平，对个人发放的创业担保贷款，在贷款基础利率基础上上浮3个百分点以内的，由财政给予贴息。

（3）免收有关行政事业性收费

毕业2年以内的普通高校学生从事个体经营（除国家限制的行业外）的，自其在市场监管部门首次注册登记之日起3年内，免收管理类、登记类和证照类等有关行政事业性收费。

（4）享受培训补贴

对大学生创办的小微企业新招用毕业年度高校毕业生，签订1年以上劳动合同并缴纳社会保险的，给予1年社会保险补贴。对大学生在毕业学年（从毕业前一年7月1日起的12个月）内参加创业培训的，根据其获得创业培训合格证书或就业、创业情况，按规定给予培训补贴。

（5）免费创业服务

有创业意愿的大学生，可免费获得公共就业和人才服务机构提供的创业指导服务，包括政策咨询、信息服务、项目开发、风险评估、开业指

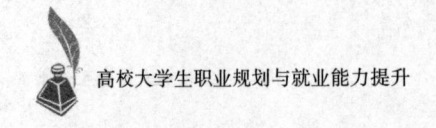

导、融资服务、跟踪扶持等一条龙创业服务。

（6）取消高校毕业生落户限制

高校毕业生可在创业地办理落户手续（直辖市按有关规定执行）。

（7）创新人才培养

创业大学生可享受各地各高校实施的系列卓越计划、科教结合协同育人行动计划等，同时享受跨学科专业开设的交叉课程、创新创业教育实验班等，以及探索建立的跨院系、跨学科、跨专业交叉培养创新创业人才的新机制。

（8）开设创新创业教育课程

自主创业大学生可享受各高校挖掘和充实的各类专业课程与创新创业教育资源，以及面向全体学生开发开设的研究方法、学科前沿、创业基础、就业创业指导等方面的必修课和选修课，享受各地区、各高校资源共享的慕课、视频公开课等在线开放课程，以及在线开放课程学习认证和学分认定制度。

（9）强化创新创业实践

自主创业大学生可共享学校面向全体学生开放的大学科技园、创业园、创业孵化基地、教育部工程研究中心、各类实验室、教学仪器设备等科技创新资源和实验教学平台。参加全国大学生创新创业大赛、全国高职院校技能大赛，和各类科技创新、创意设计、创业计划等专题竞赛，以及高校学生成立的创新创业协会、创业俱乐部等社团，提升创新创业实践能力。

（10）改革教学制度

自主创业大学生可享受各高校建立的自主创业大学生创新创业学分累计与转换制度，和学生开展创新实验、发表论文、获得专利和自主创业等情况折算为学分，将学生参与课题研究、项目实验等活动认定为课堂学习的新探索。同时也可享受为有意愿有潜质的学生制订的创新创业能力培养计划，创新创业档案和成绩单等系列客观记录并量化评价学生开展创新创业活动情况的教学实践活动。优先支持参与创业的学生转入相关专业学习。

（11）完善学籍管理规定

有自主创业意愿的大学生，可享受高校实施的弹性学制，允许调整学业进程、保留学籍休学创新创业等管理规定。

（12）大学生创业指导服务

自主创业大学生可享受各地各高校对自主创业学生实行的持续帮扶、全程指导、一站式服务，以及地方、高校两级信息服务平台，为学生实时提供的国家政策、市场动向等信息，和创业项目对接、知识产权交易等服务。可享受各地在充分发挥各类创业孵化基地作用的基础上，因地制宜建设的大学生创业孵化基地和相关培训、指导服务等扶持政策。

（13）登记注册优惠

第一，为确保大学生能迅速地进入创业状态，各级政府简化了大学生创业注册程序，如某市场监管局规定凡申请从事个体经营或申办私营企业的，可通过市场监管部门注册大厅优先登记注册。申请人只需提交登记申请书、验资报告等主要登记材料，可先予颁发营业执照，并在一定期限内按规定补齐相关材料；某市场监管局为规范创业市场还推出专门针对大学生创业的特殊符号注册方式等。第二，培训、信息服务方面的优惠，为鼓励创业，政府提供的培训以及信息方面发布。

参考文献

1. 文川.面对大学生就业难,企业更应体现担当[N].宁波日报,2022-06-22(6).

2. 宋晨,田晓航.当前疫情形势如何?如何保障大学生就业与返乡?[N].新华每日电讯,2022-06-18(3).

3. 陈磊.从制度上解决大学生就业创业后顾之忧[N].法治日报,2022-06-16(4).

4. 班娟娟,熊家林,宋瑞,等.毕业季大学生就业如何破堵点?[N].经济参考报,2022-06-13(2).

5. 郭晋晖.疫情下,大学生的就业机会在哪里[N].第一财经日报,2022-06-06(A06).

6. 严玲,田诗雨,王彦卓.秦淮新增大学生就业连续四年居全市之首[N].南京日报,2022-06-04(A01).

7. 柯文.大学生就业如何大事"特"办[N].上海科技报,2022-06-03(001).

8. 余梦迪. 创业带动就业，为大学生搭建发展平台［N］. 南京日报，2022-05-28（A01）.

9. 朱妍妍，封宇. 高校大学生职业规划课程的问题及解决途径探究［J］. 山西青年，2022（10）.

10. 潘洁. 长三角深度挖潜助大学生就业［N］. 国际金融报，2022-05-16（10）.

11. 袁源. 大学生就业心理问题的成因与对策［N］. 中国社会科学报，2022-05-13（8）.

12. 孙倩颖. "三全育人"理念下的大学生就业指导策略［N］. 中国社会科学报，2022-05-13（008）.

13. 罗正友，谭正祥. 大学生就业研究热点、发展趋势及展望——基于CiteSpace的文献计量研究［J］. 中国大学生就业，2022（9）.

14. 冯坤，朱伟光. "互联网+"时代背景下大学生就业指导服务工作策略探究［J］. 黑龙江人力资源和社会保障，2022（8）.

15. 周文霞，李硕钰，冯悦. 大学生就业的研究现状及大学生就业困境［J］. 中国大学生就业，2022（7）.

16. 许彤彤，蔡婕. "互联网+"视阈下的大学生创业现状及意愿分析［J］. 产业创新研究，2022（6）.

17. 苟颖. 新时代大学生职业规划能力评估的路径探索［J］. 产业创新研究，2022（6）.

18. 李文. 大学生创业就业面临的困境与破解路径探析［C］. 第二届创新人才培养与可持续发展国际学术会议论文集（中文），2022.

19. 杨雅恬.领导力视域下大学生就业能力提升路径分析［C］.第二届创新人才培养与可持续发展国际学术会议论文集（中文），2022.

20. 唐旭."互联网+"背景下大学生就业指导资源挖掘路径研究［C］.第二届创新人才培养与可持续发展国际学术会议论文集（中文），2022.

21. 朱妍妍.新媒体时代大学生就业问题探究［J］.中外企业文化，2022（3）.

22. 杜建峰.基于新时代背景大学生职业规划指导的研究［J］.就业与保障，2022（3）.

23. 陈玮松，刘通，张叶悦，等.高等学校体育专业大学生就业竞争力结构模型研究［C］.第十二届全国体育科学大会论文摘要汇编——墙报交流（体育统计分会），2022.

24. 吴晓婷.新时期大学生创业困境与破解路径探析：基于四川省高校大学生的创业调查［J］.职业技术，2022，21（4）:1-6.

25. 崔艳妮.大学生就业指导服务体系建设策略研究［J］.武汉冶金管理干部学院学报，2022，32（1）.

26. 孙宁.大学生就业心理问题及对策研究［J］.现代商贸工业，2022，43（7）.

27. 沈哲韬，张海生.浙江嘉兴专属银行圆了大学生创业梦［N］.中国经济时报，2022-03-04（3）.

28. 张瑜.高职院校辅导员对做好大学生职业规划和就业指导工作的意义及对策研究［J］.江西电力职业技术学院学报，2022，35（2）.

29. 李蕾.创业贷款"代偿"不等于"免偿"［N］.每日经济新闻，2022-02-23（6）.

30. 姜雪纯.高等农林院校大学生就业服务体系建设创新探索：评《高等农林院校大学生就业创业指导》［J］.林业经济，2022，44（1）.

31. 许佳颖.基于CiteSpace的大学生就业能力计量可视化研究［J］.海峡科学，2022（01）.

32. 苟双全."互联网+"背景下大学生就业创业研究［J］.投资与合作，2022（1）.

33. 范仲文.大学生就业指导形势与政策篇教学内容研究［C］.劳动保障研究会议论文集（十五），2022.

34. 马茁萌."一带一路"背景下基于大学生职业规划的外语课程改革研究［J］.创新创业理论研究与实践，2022，5（1）.

35. 刘志慧.大学生就业权益的法律保护研究［J］.法制博览，2022（1）.

36. 俞军雄.大学生创新创业教育对大学生就业的作用研究［C］.课程教学与管理研究论文集（六），2022.

37. 吴学亮.大学生高质量就业中政府作用研究［J］.中国报业，2021（24）.

38. 刘丹.地方高校大学生就业软实力提升策略与就业创业意识实践：评《地方高校大学生就业软实力研究》［J］.热带作物学报，2021，42（12）.

39. 谢旭波，石星星."互联网+"时代大学生就业创业指导工作创新路径［J］.营销界，2021（Z6）.

40. 倪天明.社团参与经历对大学生就业竞争力的影响：基于657份毕业生调研样本的实证研究［J］.洛阳师范学院学报，2021，40（11）.

41. 王永.助力大学生创新创业行稳致远［N］.中国劳动保障报，2021-11-20（3）.

42. 彭伟，殷悦.探索大学生高质量创业的路径［N］.中国社会科学报，2021-11-18（12）.

43. 谢广明.课程思政理念下的"大学生职业规划与就业指导"课程改革路径探究［J］.大众文艺，2021（21）.

44. 童铁江.杭州：打造大学生创新创业生态最优市［N］.中国组织人事报，2021-11-11（4）.

45. 夏语.基于校企合作背景下的大学生职业规划教育研究［J］.山西青年，2021（21）.

46. 张皓云.大学生职业理想现状调查与分析：以贵阳人文科技学院为例［C］.《人文与科技》（第七辑），2021.DOI:10.26914/c.cnkihy.2021.054815.

47. 祖艺华.关于大学生职业规划指导策略的研究［J］.佳木斯职业学院学报，2021，37（9）.

48. 殷然.高校辅导员教师身份视角下"00后"大学生职业规划教育方法探析［J］.科学咨询（科技·管理），2021（8）.

49. 郝双娉，孙蕾.高校辅导员引领大学生职业规划的思考［J］.时代报告，2021（3）.

50. 朱金玉.思想政治教育融入大学生职业规划教学的探索［J］.就业与

保障，2021（5）.

51. 乔桂萍.大学生职业规划教育体系及相关问题分析［J］.文教资料，2021（8）.

52. 杜兴艳，王小增，陈素萍.大学生职业规划教育对就业稳定性的影响研究：以某校毕业生麦可思调查数据为例［J］.北京航空航天大学学报（社会科学版），2021，34（5）.

53. 朱利.大学生创业精神及创业能力反思：评《大学生职业规划与就业创业指导》［J］.林产工业，2021，58（1）.

54. 孔洁珺.大学生创业价值观教育研究［M］.中国人民大学出版社:思想政治教育实践研究新探索丛书，2021.

55. 韩治平.习近平教育思想视野下的高校教学改革研究：以《大学生职业规划与就业创业指导》课程为例［J］.呼伦贝尔学院学报，2020，28（6）.

56. 胡永远.大学生就业的理论、实证与政策研究［M］.南京大学出版社，2020.

57. 戴燕玲.加强职业规划 提升就业竞争力：评《大学生职业规划的方法与就业技巧研究》［J］.教育与职业，2020（2）.

58. 彭婷.大学生职业规划存在的常见问题及其对策［J］.文化创新比较研究，2020，4（27）.

59. 贺琳彦.大学生职业规划教育中职业锚理论的应用［J］.现代交际，2020（16）.

60. 刘丽芳.高职院校大学生职业规划能力影响因素分析［J］.人才资源

开发，2020（13）.

61. 靳诺，刘伟.中国大学生创业报告［M］.中国人民大学出版社，2020.

62. 袁娇.心理健康教育在大学生职业规划中的作用探讨［J］.劳动保障世界，2020（18）.

63. 石宝兰.新媒体在大学生职业规划中的应用［J］.劳动保障世界，2020（18）.

64. 王晓敏.基于案例分析的大学生职业规划和就业教育研究［J］.食品研究与开发，2020，41（10）.

65. 黄珊珊.辅导员在大学生职业规划教育中的优势［J］.开封文化艺术职业学院学报，2020，40（5）.

66. 杨伟华.大学生创业精神及创业能力反思：评《大学生职业规划与就业创业指导》［J］.中国高校科技，2020（5）.

67. 王美霞.基于社会适应能力视角下的大学生职业规划研究［J］.当代教育实践与教学研究，2020（9）.DOI:10.16534/j.cnki.cn13-9000/g.2020.1046.

68. 陈虹.大学创新创业教育［M］.文化发展出版社，2020.

69. 郭梦蝶.大学生职业规划与就业指导的定位及策略［J］.人才资源开发，2020（6）.DOI:10.19424/j.cnki.41-1372/d.2020.06.022.

70. 周佳赟，金明媚，蒋达锋，等.工程教育认证背景下大学生《职业规划与就业指导》［J］.中国多媒体与网络教学学报（上旬刊），2020（4）.

71. 于宏凯，王金玲.双创背景下大学生职业规划［J］.中国多媒体与网络教学学报（中旬刊），2020（3）.

72. 王文涛.浅议《大学生职业规划与就业指导》职业教育教学［J］.长江丛刊，2020（6）.

73. 于杭，曹克亮.大学生职业规划路径研究［J］.作家天地，2020（2）.

74. 王孟博，柳青.大学生职业规划现状及对策分析：以社会工作专业为例［J］.新疆职业教育研究，2019，10（4）.

75. 吴晓菲.大学生职业规划现状探析［J］.花炮科技与市场，2019（4）.

76. 陈伟.大学生职业规划与就业问题研究［J］.食品研究与开发，2019，40（21）.

77. 李杰，赵里红."双创"背景下的大学生职业规划探讨［J］.产业与科技论坛，2019，18（20）.

78. 凤建煌.大学生职业规划在云技术平台下教育模式之研究［J］.科技资讯，2019，17（28）.

79. 李函，朱敏.独立学院工科大学生在职业规划中自我同一性问题探究［C］.南国博览学术研讨会论文集（二），2019.

80. 商瑶.基于super生涯发展理论视域下的高校大学生职业规划教育探讨［J］.山西青年，2019（18）.

81. 孔璞，韩新莘.大学生职业规划与思想政治教育浅析［J］.课程教育研究，2019（37）.

82. 周卓.论基于社会适应能力视角下的大学生职业规划［J］.智库时代，2019（39）.

83. 王爱霞.大学生职业规划与就业指导课程改革：以机电工程学院为例［J］.科技与创新，2019（17）.DOI:10.15913/j.cnki.kjycx.2019.17.035.

84. 张彩艳.浅析"大学生职业规划与就业指导"课程的教学研究［J］.轻工科技，2019，35（9）.

85. 凤建煌.大学生职业规划意识的强化及价值探讨［J］.花炮科技与市场，2019（3）.

86. 吴长越.航海类专业认可度对大学生职业规划的探索：以上海海事大学商船学院航海类专业为例［J］.管理观察，2019（17）.

87. 董镕.职业心理培训对大学生职业规划的影响［J］.中国大学生就业，2019（12）.

88. 向舒.高校辅导员在大学生职业规划中的作用研究［J］.作家天地，2019（11）.

89. 刘方媛，周珺妍，赵斯嘉，等.城乡大学生职业规划差异性分析：以东北农业大学为例［J］.学理论，2019（6）.

90. 孔璞.大学生职业规划教育思考［J］.才智，2019（14）.

91. 凌玉娟，唐洁，王彬.社团参与对大学生职业规划影响的调查研究［J］.现代职业教育，2019（13）.

92. 梁延安.新形势下大学生职业规划教育的创新探究［J］.现代职业教育，2019（13）.

93. 罗斐.浅析大学生职业生涯规划［J］.青年与社会，2019（13）：123-

124.

94. 吴所禄（SO-ROK，OH）.大学生职业价值观、社会支持和职业规划关系研究：中韩比较的视角［D］.哈尔滨师范大学，2019.

95. 陈琪.高职大学生职业规划认知特点与引导策略［J］.青年与社会，2019（12）.

96. 高园.社会主义核心价值观融入大学生职业规划教育浅谈［J］.课程教育研究，2019（14）.

97. 张秀庭，王学戏.大学生职业规划与实践能力提升浅析：以苏州健雄职业技术学院为例［J］.学苑教育，2019（7）.

98. 荚卓敏，王建军."双创"背景下的大学生职业规划分析［J］.现代商业，2019（7）.

99. 阿步利孜·穆沙江.新时代背景下大学生职业规划指导策略［J］.教育现代化，2019，6（20）.

100. 李自玲，彭贝贝，徐泽成，等.基于大学生职业规划的研究［J］.科教文汇（上旬刊），2019（2）.

101. 罗琳洁.体验式教学模式在《大学生职业规划与就业指导》课程中的应用研究［J］.当代教育实践与教学研究，2019（3）.

102. 刘娜.探讨新时代大学生职业规划指导策略［J］.现代经济信息，2019（3）.

103. 张亮.高校大学生职业规划课程现状与对策建议［J］.吉林广播电视大学学报，2019（1）.

104. 李雅妮.试论加强大学生职业规划意识的必要性［J］.散文百家

（新语文活页），2019（1）.

105. 姬建锋，万生新.大学生创新创业教育［M］.陕西人民出版社，2019.

106. 宋睿.大学生职业规划教育现状及改革途径研究［J］.校园英语，2018（51）.

107. 张东霞.英语专业大学生职业规划与就业指导研究［J］.佳木斯职业学院学报，2018（12）.

108. 黄娥.大学生职业规划室运作模式及成效研究：以西南政法大学法学院大学生职业规划工作室为例［J］.青年与社会，2018（34）.

109. 冯璐璐.市场经济背景下大学生职业规划与就业能力提升对策［J］.现代营销（创富信息版），2018（12）.

110. 鲁璇.大学生职业规划的价值偏差与完善路径［J］.教育现代化，2018，5（43）.

111. 郭倩.浅谈大学生职业规划及职业指导［J］.文教资料，2018（29）.

112. 陈智.体验式教学模式在大学生职业规划与就业课中的应用［J］.智库时代，2018（42）.

113. 张丁方.大学生职业规划现状和对策研究［J］.科技资讯，2018，16（25）.

114. 田芳.大学生职业规划与就业指导专业化队伍建设［J］.新校园（上旬），2018（8）.

115. 王晨.高职高专大学生职业规划策略探析［J］.知识文库，2018

(15).

116.陈磊,张晓敏,黄利梅,等.大学生职业发展教育［M］.重庆大学出版社,2018.

117.王雨静,郭雷.大学生实习与就业中的权益维护［M］.中国政法大学出版社,2018.

118.张宇,郭志超,邢传波.做好大学生职业规划教育提高就业率［J］.中外企业家,2018（21）.

119.张宇,郭志超,邢传波.试论加强大学生职业规划意识的必要性［J］.中外企业家,2018（21）.

120.张宇,郭志超,邢传波.当代大学生职业规划存在的问题及对策初探［J］.中外企业家,2018（21）.

121.邵阡,张念伟.心理建设在大学生职业规划中的作用研究［J］.美与时代（城市版）,2018（7）.

122.雷长青.浅谈大学生职业规划设计中霍兰德人职匹配测试法的运用［J］.现代经济信息,2018（14）.

123.赵永刚,鱼芳青.体育专业大学生职业规划与就业指导研究［J］.榆林学院学报,2018,28（4）.

124.郭志超.大学生职业规划教育现状及其对策分析［J］.中外企业家,2018（15）.

125.孙晓杰.大学生职业规划与就业指导的定位及策略探讨［J］.现代职业教育,2018（14）.

126.吴亚梅,龚丽萍.大学生创新创业教程［M］.重庆大学出版社,

2018.

127．梁建春.论民办高校大学生职业规划教育的实施路径［J］.中国成人教育，2017（24）.

128．姚圆鑫.大学生职业规划与就业指导策略研究［J］.改革与开放，2018（2）.

129．周秀梅."学校、家庭、企业"三位一体大学生职业规划指导体系的构建策略［J］.开封教育学院学报，2018，38（1）.

130．徐祯霞，徐壮飞.高职院校辅导员在大学生职业规划中的指导作用［J］.考试周刊，2018（14）.

131．郑德泉."互联网+"视角下大学生职业规划教育策略［J］.现代职业教育，2018（1）.

132．陆星亮，黄春荣，于畅，等.大学生职业规划形成过程分析［J］.高教学刊，2017（21）.

133．韩睿子.影响大学生职业规划的心理因素分析［J］.产业与科技论坛，2017，16（18）.

134．卢轶遐.大学生职业规划教学与实践体系创新：评《大学生职业生涯规划影响因素研究——以教学型本科院校为对象》［J］.中国教育学刊，2017（8）.

135．胡楠，郭冬娥，李群如，等.大学生职业规划与就业指导教程［M］.人民邮电出版社，2017.

136．张浩.浅析高校大学生职业规划教育的重要意义［J］.西部皮革，2017，39（12）.

137. 张黎娜.大学生职业规划问题研究［J］.现代农村科技，2017（6）.

138. 宋慧捷.高职院校大学生职业生涯规划课程实施的问题与对策研究［D］.广西师范大学，2017.

139. 时杨.大学生职业规划课程改革初探［J］.新课程研究（中旬刊），2017（4）.

140. 徐存艳.新时期完善大学生职业规划的路径研究［C］.智能城市与信息化建设国际学术交流研讨会论文集Ⅳ，2016.

141. 左其阳，高飞.高职"双元制"人才培养模式下大学生职业规划课程的开发和设计：以苏州健雄职业技术学院为例［J］.文理导航（下旬），2016（8）.

142. 王刚志，王晋研，楼小燕.理工科大学生职业规划中存在的问题与对策［J］.中国轻工教育，2016（4）.

143. 胡雅宁，李社生.浅析大学生职业规划与就业软实力培育［J］.中国报业，2016（15）.

144. 高强.职业规划生涯与大学生就业指导［C］.黑龙江省科学技术应用创新专业委员会科技创新研讨会2016年4月会议论文集，2016.

145. 董秋锋.教练技术在大学生职业规划教育中的应用研究［D］.福建师范大学，2016.

146. 汪立夏，王森，刘修财.大学生心理疏导促就业［M］.中国人民大学出版社，2015.

147. 董镕，崔文倩，许少凡.职业心理培训对大学生职业规划和职业认同的影响［C］.心理学与创新能力提升——第十六届全国心理学学术会议论文集，2013.

148. 魏连娣.大学生职业规划课程对FTP的影响研究［C］.增强心理学服务社会的意识和功能——中国心理学会成立90周年纪念大会暨第十四届全国心理学学术会议论文摘要集，2011.

149. 胡俭.帮大学生村官"职业规划"［N］.扬州日报，2011-03-08（A01）.

150. 李欣瑶.大学生的职业规划［N］.甘肃日报，2011-01-14（03）.

151. 格根哈斯.职业规划助推大学生就业［N］.呼和浩特日报（汉），2007-11-22（07）.

152. 谢苗枫，杨倩铵."3岁定80"：早做职业规划［N］.南方日报，2007-11-15（A10）.

153. 曾湘泉.变革中的就业环境与中国大学生就业［M］.中国人民大学出版社，2004.